Georg Sporschill SJ
Ruth Zenkert

Mit Feuer vom Himmel

Georg
Sporschill SJ
Ruth Zenkert

Mit Feuer vom Himmel

Neue Geschichten von
Elijah und seinen Raben

Mit einem Nachwort
von Christian Geinitz

Amalthea
Verlag

Textstellen aus der Bibel zitiert nach:
Die Bibel. Einheitsübersetzung der Heiligen Schrift. Gesamtausgabe.
Katholisches Bibelwerk (Hg.), Stuttgart 2016

Besuchen Sie uns im Internet unter:
amalthea.at
elijah.ro/bimail

Umschlaggestaltung: Elisabeth Pirker/OFFBEAT
Umschlagfotos: © ELIJAH
Lektorat: Helene Breisach
Herstellung und Satz: VerlagsService Dietmar Schmitz GmbH, Heimstetten
Gesetzt aus der 10,75/14,3 Pt Minion Pro
Designed in Austria, printed in the EU
ISBN 978-3-99050-170-2

Inhalt

Geben und Nehmen

Freundschaft stiften

Konflikte als Weg

Von Göttern und Menschen

Die Ausstrahlung

Mit Wundern rechnen

Frei durch Gerechtigkeit

Zur Einführung

Im Namen des Elijah
Überraschungen auf einem langen Weg

Steh auf und iss!«, sagt der Engel zweimal zum Propheten Elijah, der entkräftet und lebensmüde unter einem Ginsterstrauch sitzt. Zu schwierig sind ihm die Herausforderungen geworden. Er ist auf der Flucht. Mit leidenschaftlichem Eifer hat sich Elijah für die Gerechtigkeit eingesetzt, Feuer und Flammen sprühten, als er die Gegner vernichtete. Ungestüm kämpfte er für die Armen, Kleinen, Hungrigen, Bedürftigen. Gegen die Rücksichtslosen, gegen die, die ihre Macht nicht zum Wohl der Schwachen nutzten. Und nun wird er verfolgt, angegriffen, bedroht. Er kann nicht mehr. Der Engel gibt ihm Brot, in glühender Asche gebacken, und einen Krug Wasser. Es ist die Freundschaft, die ihn stärkt.

Elijah macht sich wieder auf, es wird ein langer Weg. Er geht vierzig Tage und vierzig Nächte. Die Zahl Vierzig bezeichnet die Zeit der Erprobung, die Noah in der Arche durchlebte. Vierzig Jahre war das Volk Israel durch die Wüste unterwegs ins Gelobte Land. Der Prophet Elijah erreicht nach vierzig Tagen den Gottesberg im Sinai und erlebt einen Wendepunkt. Ist Gott denn nur im starken Sturm gegenwärtig, der Berge zerreißt und Felsen zerbricht? So wie Elijah bisher selbst oft gehandelt hatte? Im Erdbeben, das die Wertvorstellungen jener auf den Kopf stellt, die auf dem falschen Weg sind? Im Feuer, das das Unkraut ausrottet und das Böse vertilgen soll? Elijah erlebt Gottes heilende Nähe im sanften, leisen Säuseln, im Feinen, nicht im Gewaltigen. Der feurige Elijah wird zu einem zärtlichen Menschen, zu einem, der die

Mutlosen segnet und ihnen Kraft für neue Aufgaben gibt. Er wird zum Meister, der seine Lebenserfahrung weitergibt. Über fünfzig Lehrlinge hat er in seiner Prophetenschule groß gemacht. Elischa wird sein Nachfolger, er führt das Werk weiter, als Elijah in den Himmel entrückt wird. Noch einmal kommt ihm Gott mit feurigem Wagen und feurigen Pferden entgegen. So beschreibt die Bibel die Erfüllung eines prophetischen Lebens.

Unserem sozialen Werk in Siebenbürgen haben wir den Namen ELIJAH gegeben, weil es prophetisch – kritisch und sozial – sein soll. Dorthin gehen, wo die Not am größten ist – das wollen die Jesuiten. Dazu braucht es Freunde, die uns stärken, wenn uns Aufgaben ratlos machen und erschöpfen. Wenn wir, wie der Prophet, zur Witwe in Sarepta gehen, die selbst nichts hat, und von ihr die Gastfreundschaft erbitten. Sie gibt das Letzte, und ihr Mehltopf wird nicht leer und der Ölkrug versiegt nicht. Elijah schenkt ihrem Sohn das Leben zurück. Wie viele Kinder in unseren Dörfern brauchen diese Kraft, damit sie aus dem dunklen Loch des Elends herauskommen, lernen und es einmal besser haben. Damit sie selbstständig werden und für sich und ihre Eltern sorgen können. Unseren Auftrag sehen wir im Kampf für die Roma, die an den Rand gedrängt sind, gegen ein System, das sie mit Vorurteilen einmauert, sodass sie nicht aus Analphabetismus und Verwahrlosung herauskommen. Sie erzählen uns ihre Geschichten. Wir wollen nicht über sie reden, sondern mit ihnen. In Freundschaften entdecken wir – wie Elijah – die Macht der Zärtlichkeit. In der Musikschule entfalten viele unserer Schützlinge ihr Talent und verzaubern durch ihre Klänge das Publikum. Im Orchester spielen Roma und Nicht-Roma zusammen. In der Kunstwerkstatt werden die Jugendlichen kreativ und verschönern die Häuser.

Sich für die Gerechtigkeit einzusetzen – das tut ein Prophet –, führt oft zu Konflikten und Gefahren. Der Prophet Elijah muss flüchten. Zum Lebensretter wird für ihn ein Rabe. Er bringt ihm morgens und abends Brot und Fleisch. In Rumänien ist »Rabe« das ärgste Schimpfwort für die Roma. Bei ELIJAH aber wird der Rabe – er steht für die Ausgestoßenen und Verachteten – zum Lebensretter für andere. Die »Raben« helfen uns, den Egoismus zu überwinden, das eigene Glück zu sehen, dankbar zu werden und zu spüren, was wir bewegen können. Dieses neue Bewusstsein ist unser größtes Geschenk. Am stärksten erleben es junge Volontäre, die aus dem Wohlstand kommen und Armen helfen wollen.

Der Prophet Elijah gilt im Judentum als Vorläufer des Messias. Er ist nicht der, der alle Probleme der Welt löst. Aber er trifft die Vorbereitungen, damit Menschen sich selber helfen können. Damit sie zum Heil finden. Interessant ist, dass die Botschaft des Alten Testaments auf Elijah zuläuft. Der letzte Satz der jüdischen Bibel ermutigt: »Ich sende zu euch den Propheten Elijah. Er wird das Herz der Väter wieder den Söhnen zuwenden und das Herz der Söhne ihren Vätern.« Wenn die Generationen einander verstehen und Frieden haben, wenn sich die Kinder ihrer schwächer werdenden Eltern annehmen, wenn die Starken den Schwachen einen Platz geben – dann ist Elijah am Werk. Dann geschehen Wunder. Weil uns hilfreiche Freunde oft überraschen, nennen wir unser Werk ELIJAH.

In vierzig Jahren haben wir viele Geschichten des Miteinanders gesammelt mit Obdachlosen in Wien, mit Straßenkindern in Bukarest und mit verarmten Roma-Familien in Transsilvanien, vor allem aber mit jungen Helfern da und dort. Unsere Erlebnisse wollen wir teilen mit Freunden, Erziehern, Helfern und mit Menschen, die für andere Sorge tragen. Wir hoffen, dass sie daraus den Mut schöpfen, einen nächsten Schritt zu machen, neue Kräfte zu entwickeln. Dass die Phantasie der Liebe angeregt wird. In der Liebe ist eins und eins nicht nur zwei, sondern viel mehr. Oft ein Widerspruch. Es gibt im Beziehungsleben keinen schnellen Erfolg. Und es gibt noch viele Hindernisse auf unserem Weg. Aber es gibt große Treue, erstaunliche Durchhaltekraft und einen Sinn, der alles überstrahlt.

Wir dürfen Geduld mit uns selbst haben und eigene Grenzen eingestehen. Auch wenn wir Unglaubliches erreichen können. Mithilfe von Elijah.

P. Georg Sporschill SJ

Ein Kind führt mich in seine Welt

Der Wind pfeift durch die Ritzen der Wände. Krumme Äste, löchrige Plastikplanen und Lehmklumpen bilden den Schutz gegen die Kälte des Winters. Wir sitzen in einer kleinen Hütte um die Feuerstelle – eine alte Regentonne. Die Kerze gibt spärliches Licht und kämpft mit den Windstößen. Daniel hat mich in die Hütte seiner Familie geführt. Im Schnee kam er barfuß in viel zu großen Sandalen in die Schule. Der Bub war einer der Ersten, die bei uns trommeln lernen wollten. Zum Unterricht kam er nur selten, daheim gab es zu viel zu tun: Holz aus dem Wald heranschleppen, auf die Geschwister aufpassen. Der Vater ist als Schafhirte unterwegs. Selten kommt er heim, meistens betrunken, am nächsten Tag ist er wieder verschwunden. Gabi, die junge Mutter, ist mit ihren vier Kindern allein. Sie ist krank. Warum sollten die Kinder lesen lernen, wenn sie ums Überleben kämpft. Manchmal bekommt sie Kartoffeln, Mais und Milch, wenn sie im Dorf als Tagelöhnerin arbeitet. Sie sieht keine Zukunft. Nur diesen Tag überleben und nicht erfrieren, den Kindern ein Essen geben.

Im Sommer wird es leichter. Die Hütte ist unten am Bach, ganz am Ende eines rumänischen Dorfs. Im Zentrum zeugt stolz die alte Kirchenburg der Siebenbürger Sachsen von einer reichen und geordneten Zeit mit den Deutschen. Sie sind fast alle weggezogen, Rumänen leben heute in ihren Bauernhäusern. Am Dorfrand siedelten sich deren ehemalige »Hauszigeuner« an. Mit Planen und zusammengelesenem Holz zimmerten sie sich auf Niemandsland Unterkünfte. Ihre Ghettos schwellen an, werden zur Belastung und Bedrohung für die Dorfgemeinschaft. Tiefe Gräben gibt es zwischen den »Rumänen« und den »Zigeunern«. Oft schicken die Lehrer die Kinder weg, keiner will sich neben die »Zigeuner« setzen. Sie hätten Läuse, sagen sie. Daniel war immer wieder in der Schule. Nun hat ihn interessiert, was dort Neues passiert. Trommeln, Musik, Spiele – und Brot.

Ich bin mit Pater Georg Sporschill SJ 2012 in die Umgebung von Sibiu/Hermannstadt gekommen, um in den Dörfern, die die Siebenbürger Sachsen nach der Wende 1989 verlassen hatten, Roma-Kindern aus dem Elend zu helfen. Es hieß, besonders viele Roma lebten in Nou, der Ort sei verflucht. Viele wilde Geschichten wurden darüber erzählt: Diebstahl, Raub und Mord. Man erzählt, dass die Sachsen einmal alle Zigeuner zusammengeholt und die Männer erschlagen hätten, weil einer von ihnen einen reichen Bauern im Wirtshaus verletzt habe. Die Polizei habe nichts gemacht, man sei froh gewesen, dass sie das Problem selbst gelöst hätten. In Nou begann ich, in der Schule am Nachmittag Trommelunterricht zu geben. Wir hatten nur fünf kleine Trommeln. Am ersten Tag kamen acht Kinder, am zweiten fünfzig, am dritten über achtzig. Ich fand Freunde, die mit den Kindern sangen, Flöte spielten, tanzten, lernten. Schnell entwickelte sich eine Musikschule. Die Kinder hatten Hunger. Wir besorgten Milch und Brot. Kleider. Medikamente. Daniel brachte mich zu seiner Familie. Ein kleiner Bub, den ich zunächst nur in die Schule bringen wollte, zeigte mir, dass jedes Kind einen großen Rucksack an Problemen trägt. Die Geschwister, die Mutter, der Vater, Wohnung, Gesundheit, Lernen, Arbeit. Ein Kind, eine Familie, ein ganzes Dorf – die Aufgaben überschlugen sich. Unlösbar. Trotzdem spürte ich, wenn ich mit Daniel an der Hand am Bach entlangging, wie es sich lohnt, dieses eine Leben zu retten. Aus der Freundschaft mit Daniel wurde ein Programm für das ganze Dorf, getragen von der ELIJAH-Gemeinschaft. Heute betreiben wir hier ein Sozialzentrum und eine Musikschule.

In vier Nachbardörfern hilft ein ELIJAH-Team den Kindern, Jugendlichen und Familien. In Ausbildungswerkstätten lernen Analphabeten ein Handwerk, junge Frauen arbeiten in der Haushaltsschule und kochen für die Kinder im Dorf. Für Daniel und seine Familie gibt es eine Zukunft. Der Satz aus dem Talmud »Wer ein Leben rettet, rettet die ganze Welt« ist zum Motto unseres Werkes geworden.

Erstaunliche Kräfte fließen

Durch die Geschichten, die wir wöchentlich aus Rumänien versenden (bimail@elijah.ro), ist so etwas wie eine Gemeinde entstanden, in der wir uns gegenseitig stärken.

Eine Mutter schreibt uns: »Ich schätze die Texte deshalb so sehr, weil sie zeigen, wie die Botschaft der Liebe Jesu in den Alltag fließt, was sonst in der Kirche nicht so gut sichtbar ist. Aus euren Worten und Berichten ist spürbar, dass wahrhaftige Liebe sich nicht von äußerlichen Hindernissen aufhalten lässt, sondern in die Herzen der Menschen strömt. Ich habe mir beim Lesen schon oft gedacht: Ja, so würde Jesus heute handeln.«

Zum Schreiben ermunterte uns eine Kollegin aus der Sozialarbeit: »Die Bimails haben mich ein Stück verändert und ich arbeite noch mehr und bewusst mit Fragen. Wenn Institutionen wie Kinderdorf oder Jugendwohlfahrt vor schwierigen Aufgaben stehen, dann schicke ich Eure Fragen zur Vorbereitung für die Supervision. Und meistens finden die ErzieherInnen die Lösung selber.«

»Eure Sicht hat mir in meinem Beruf als Ärztin oft geholfen, widerliches Verhalten vom innersten Sein des Menschen zu trennen und den Patienten meine volle Zuwendung zu schenken. Diese Sichtweise würde auch in der Weltgesellschaft mehr Frieden und Freiheit bringen als leere Worte, Verurteilung und Hass. Nur die bedingungslose Liebe schafft Veränderung, so hat Jesus es uns vorgelebt.«

Ein Freund, der große Verantwortung in der Wirtschaft hat, machte uns eine Freude, als er schrieb: »Soeben habe ich – statt der Sonntagsmesse ;-) – Eure Botschaft gelesen, die aus der ärmsten Ecke kommt. Eine berührende Geschichte, die in der heutigen Zeit für ganz Europa zu denken geben sollte. Weiter so!«

Danke! Unsere Kinder nennen Danke das magische Wort, rumänisch: multumesc – »es ist viel«. Danke unseren Freunden, die uns Mut machen und deren Gaben wir weitergeben dürfen. Ihr Vertrauen macht Mut. Danke den jungen Leuten, die bei uns – im Geben und Nehmen – mitmachen. Dieses Wort möchte ich vor allem den Notleidenden sagen, dic uns drängen zu helfen und uns so jeden Tag auf neue Ideen bringen. Sie sind die eigentlichen Autoren.

Danke, Pater Georg. Seit vielen Jahren gehst du uns voran. Mit einem kritischen Blick für Ungerechtigkeit. Mit einer liebevollen Zuwendung für die Benachteiligten. Mit einem offenen Ohr für die Sprachlosen. Immer unzufrieden und auf der Suche nach dem »magis« – mehr und besser, für die Armen. Feurig und unbequem wie Elijah. Und achtsam wie der alt gewordene Prophet, wenn er aufmerksam lauscht – auf das leise Säuseln Gottes.

Unsere Hoffnung ist, dass die Leser und Leserinnen diese und ihre eigenen Geschichten weitergeben an die Jugend. Dass sie die Freude erleben, die darin liegt, für andere da zu sein.

Ruth Zenkert
Hosman, im Herbst 2019

Tiere lassen uns vom Frieden träumen

Was wäre Weihnachten ohne Ochs und Esel?
Leben wir in einer messianischen Zeit?

Georg Sporschill

Ochs und Esel gehören wie die Hirten und die Schafe in den Stall von Bethlehem, in dem Josef und Maria Unterschlupf fanden, als das Kind geboren werden sollte. Und doch werden weder Esel noch Ochse im Weihnachtsevangelium genannt. Erst die fromme Phantasie späterer Jahrhunderte hat sie in die Szene eingefügt. Dort wirken die Tiere mit, bis zum modernen Witz über die Jesuiten: Als das Jesuskind die Augen öffnete, schaute es nach links und sah den Esel, schaute nach rechts und sah den Ochsen. Da dachte es sich: Das ist die Gesellschaft Jesu, die Jesuiten.

Beim Propheten Jesaja heißt es: »Ein Ochse kennt seinen Herrn und ein Esel die Krippe seines Herrn, aber Israel kennt es nicht und mein Volk versteht es nicht.« (Jesaja 1,3) Der Ochse wurde in der christlichen Tradition als Bild für die Heiden gedeutet. Das soll heißen: Das sind jene, die treu und ergeben arbeiten und Leistungen erbringen. So sind sie von Gott angenommen. Der Esel galt bei den Kirchenvätern als Bild für Israel. Was bei uns als dummes oder störrisches Tier angesehen wird, ist in Wahrheit und nach der Bibel das Tier für die Friedensarbeit, das den König Gottes trägt, im Gegensatz zum Pferd, das für den Krieg gezüchtet werden kann. Der Esel hat in den Karawanen die Fähigkeit, die Kamele durch die Wüste zu führen. Der Esel findet in die Heimat zurück wie die Zugvögel am Himmel. Ein Kind braucht beide: Menschen, die arbeiten, und Menschen, die Orientierung geben.

Der Phantasie, die das Jesuskind mit Tieren umgab, sind biblische Wurzeln zuzugestehen. Der Prophet Jesaja träumt im Exil, als er und sein Volk die Belastungen nicht mehr tragen können, von besseren Zeiten, von der messianischen Zeit: »Der Wolf findet Schutz beim Lamm, der Panther liegt beim Böcklein. Kalb und Löwe weiden zusammen, ein kleiner Junge leitet sie. Kuh und Bärin nähren sich zusammen, ihre Jungen liegen beieinander … und zur Höhle der Schlange streckt das Kind seine Hand aus.« (Jesaja 11,6-8)

Der Frieden unter den Tieren ist ein uraltes Bild für das, was Jesus mit seiner Geburt den Menschen bringt. Es wird nicht so sein, dass der Löwe nicht mehr Löwe ist, nicht mehr frisst und nicht mehr mächtig ist. Es wird auch nicht so sein, dass das Lamm plötzlich stark und aggressiv ist. Beide werden mit ihren Stärken die anderen nicht zerstören, sondern sie in ihren Gefährdungen schützen. Miteinander werden Löwe und Kalb eine unschlagbare Einheit bilden. Eine Einheit, die die bösen Mächte überwindet und Frieden verbreitet. Das Fressen und Gefressenwerden ist zu Ende.

In dunklen Zeiten bringen die Tiere uns – wie den Propheten Jesaja – zum Träumen von der messianischen Zeit. Das Bild vom Tierfrieden lässt uns das Absurde versuchen: Trotz allem ist Friede möglich. Mit welchem Tier möchte ich mich vergleichen? Welchem bin ich nahe in meinen Stärken und in meinen Schwächen? Beide Pole sind in uns vereint – der Löwe und das Kalb, der Wolf und das Lamm, der Ochs und der Esel. Der Friede kommt nicht, wenn einer von beiden verleugnet wird, sondern nur, wenn ich beide in mir und den anderen wahrnehme.

Kalb und Löwe weiden zusammen,
ein kleiner Junge leitet sie.

JESAJA 11,6b

Einfühlen, nicht überfordern

Das eigene Leben ist der Weg. Wo stehe ich jetzt?
Wo bewegt sich etwas? Wer begleitet mich?

Ruth Zenkert

Ein junger Mann geht zum Rabbi und bittet ihn, sein Schüler werden zu dürfen. Der Rabbi fragt: Liebst du Gott aus deinem ganzen Herzen? Der Junge wird traurig: Nein, leider nicht. Da fragt ihn der Rabbi: Und spürst du Sehnsucht, Gott aus deinem ganzen Herzen zu lieben? Wieder geht der Junge in sich, er antwortet: Das schon, aber im Alltag habe ich so viel anderes zu tun, und bis es Abend wird, bin ich zu müde. Der Rabbi fragt: Hast du die Sehnsucht, die Sehnsucht zu haben, Gott aus deinem ganzen Herzen zu lieben? Da leuchtet das Gesicht auf: Ja, das habe ich! Da legt ihm der Rabbi die Hand auf die Schulter: Das genügt, du bist auf dem Weg!

Zwei Gedanken in dieser Erzählung führen zum Wort Jesu an seine Schüler: »Geht euren Weg, solange ihr das Licht habt, damit euch nicht die Finsternis überrascht!« Die eine Brücke ist das Wort vom Weg. Die Bibel spricht oft davon. Mose blickt zurück auf den Weg, den er mit dem Volk aus der Wüste gegangen ist: »Da hat der HERR, dein Gott, dich auf dem ganzen Weg, den ihr gewandert seid, getragen, wie ein Mann sein Kind trägt, bis ihr an diesen Ort kamt. Bei Nacht geht er im Feuer voran, um euch den Weg zu zeigen, auf dem ihr gehen sollt, bei Tag in der Wolke.« (Deuteronomium 1,31f)

Als den Weg selbst bietet sich Jesus seinen Schülern an. Wenn sie auf ihn schauen und hören, haben sie einen Weg für ihr Leben. Wir erleben Jesus als Pädagogen, der die Schüler führt, sie aber nicht überfordert. Er motiviert jeden Einzelnen, voranzuschreiten, ohne ihm vorzuschreiben, wie schnell und wie groß die Schritte zu sein haben. Entscheidend ist nur, dass er sich müht, ein Ziel zu erreichen. Zerstörerisch wäre es, von einem Schüler ein Ergebnis zu verlangen, das er noch nicht bringen kann. Genial ist der Rabbi, der sich so sehr in den Jugendlichen hineinfühlt, dass er dessen Sehnsucht aufdeckt. Er bestärkt, was im Schüler an Gutem angelegt ist, und verwirft sofort seine eigenen Erwartungen, die dem Schüler in diesem Augenblick noch nicht entsprechen.

Die zweite Brücke der rabbinischen Geschichte führt zum Wort vom Licht. Der Lehrer spendet dem Schüler Licht für seinen Weg. Er bestimmt nicht dessen Weg, sondern macht ihn sichtbar in der Sehnsucht nach der Sehnsucht. Sein Licht bringt das Gesicht des Jugendlichen zum Leuchten, weil sich dieser akzeptiert weiß. Keine Moralkeule: »du sollst«, »du musst«, sondern Segnen: »du bist«, »du kannst«. Jetzt hat er das nötige Licht für den Weg der Liebe, auf dem Weg zu Gott.

Der Ratschlag Jesu lautet: keine großen Sprünge, keine Überforderung, sondern sich behutsam bewegen von der Stelle, an der du stehst. Und zweitens, das Licht nützen, solange es da ist. Es sind glückliche und kurze Zeiten, in denen wir eine faszinierende Lehrerin, einen guten Freund, unsere Eltern haben – und Jesus, der von sich sagt: Ich bin der Weg. Ich bin das Licht.

Das eigene Leben ist der Weg. Wo stehe ich jetzt? Wo bewegt sich etwas? Wer begleitet mich?

Geht euren Weg, solange ihr das Licht habt,
damit euch nicht die Finsternis überrascht!

JOHANNES 12,35b

Der Umschwung in einem explosiven Haufen

Liebe kann man nicht befehlen. Doch ich kann den Punkt erkennen, an dem sie sich durchsetzt. Dann strahlt sie aus.

Ruth Zenkert

Bald ist es ein Jahr, dass wir in unser Haus Ilie in Hosman eingezogen sind. Wir – das waren Kathy, die erste Volontärin, und ich. Es gab viel Arbeit mit den zahlreichen Kindern und armen Familien im Dorf. Wir suchten Mitarbeiter und nahmen, ohne lange zu fragen, jeden, der sich meldete. Praktikanten für zwei Wochen, eine frustrierte Frau auf der Flucht vor sich selbst, einen Studienabbrecher, einen arbeitslosen Handwerker. Es gab immer wieder Konflikte wegen der Hausordnung und wegen vieler Kleinigkeiten, die nicht der Rede wert sind. Ziemlich lähmend, auch für unsere Arbeit. Doch bald kamen Rumänen in die Gemeinschaft, die sich leicht in die Lebensbedingungen einfügten und sprachlich keine Probleme hatten. Das Kinderprogramm gewann an Qualität und Disziplin. Immer mehr Kinder gingen in Casa Ilie aus und ein, sie kamen auch außerhalb des Programms. Die Familien begannen, in Haus und Hof mitzuarbeiten. Ein lettischer Student machte Musik mit uns, jeden Abend lernten wir im Hof Roma-Lieder. Neugierige Nachbarn schauten herein und sangen mit. Wir feierten ein »Sommernachtsfest« mit unseren Freunden, einer brachte ein altes Saxophon, ein anderer sein Akkordeon, wieder ein anderer den Speck vom frisch geschlachteten Schwein. Aus dem auseinanderstrebenden Haufen wurde eine Gemeinschaft. Wir hatten große Ziele.

Letzte Woche nahm Genica uns mit ins Nachbardorf Tichindeal, wo sie aufgewachsen ist. Sie zeigte uns am Ende des Dorfes eine Siedlung mit Roma-Familien. Arm und verwahrlost, in jeder Hütte verzweifelte Mütter und viele Kinder. Als wir am nächsten Tag wiederkamen, lief uns ein junger Bursche entgegen. Nicolae, stellte er sich vor. Er hatte sich aus Lehm und Zweigen ein Häuschen gebaut, in das genau ein Bett und ein Regal passten, für sich und seine schwangere 15-jährige Freundin. Nicolae zeigte uns, wo die Ärmsten lebten, sagte, wie viele Kinder sie hätten. So war es für uns Fremde leicht, die mitgebrachten Lebensmittel gut einzuteilen, damit alle genug bekamen. Wir fragten Nicolae, ob er uns helfen wolle. Damit wir uns besser kennenlernen könnten, solle er mitkommen und bei uns wohnen.

Zwei Tage später ging die Tür auf – Nicolae war da. Ein großes Haus, mit fließendem Wasser und Heizung, viele neue Gesichter – das war für ihn eine fremde Welt. Iulian gab ihm Seife und ein Paar Jeans. Sie redeten in ihrem Zimmer die halbe Nacht, jeder hatte eine schwere und spannende Lebensgeschichte. Schon am nächsten Tag merkte ich gar nicht mehr, dass ein Neuer unter uns war, er arbeitete fleißig mit und fühlte sich wohl in der Gemeinschaft. Am Freitag ging er nach Hause. Ich fragte ihn, ob er am Sonntag wiederkommen würde. Selbstverständlich, strahlte er.

Heute waren wir wieder in Tichindeal. Aurel, der Nachbar von Nicolae, hat der Familie im letzten Haus einen Ofen gesetzt. Und wir haben noch einen Mitarbeiter gefunden. Ovidiu will die Häuser renovieren. Einer steckt den anderen an. Einer bringt den anderen mit.

Daran werden alle erkennen, dass ihr meine Jünger seid:
wenn ihr einander liebt.

JOHANNES 13,35

Der Winzer ist Gott

Mit wem bin ich verbunden? Welche Beziehung trägt Früchte? Wer ist in einem Unternehmen so verwurzelt, dass um ihn herum Neues wachsen kann?

Ruth Zenkert

Ein alter Kommunist, eine blutjunge Studienabsolventin mit glitzerbesetzten langen Fingernägeln, die weder mit einem Putzlappen noch mit Computertasten hantieren können, eine ewig Arbeitslose, die dringend Geld für ihre vier kleinen Kinder braucht, ein Manager, der mir versichert, alles zu können, eine Lehrerin, ein junger, dynamischer Ingenieur – das waren die letzten Kandidaten, mit denen ich ein Bewerbungsgespräch für die Leitung unseres neuen Sozialzentrums im Roma-Milieu geführt hatte. Selbst bei den sympathischen und begabten Personen spürte ich, dass es nichts werden könne. Wie soll jemand in einer Umgebung, die ihm völlig fremd ist, ein Projekt aufbauen? Es gibt noch keine Schule, in der man diese Form der Sozialarbeit lernen kann. Wo sollte ich Kandidaten für das Roma-Projekt suchen? Da wurde mir klar: Antoaneta muss die Leiterin werden. Seit zwei Jahren arbeitet sie mit uns. Sie hat im Roma-Milieu Freunde gefunden. Sie versteht, was wir brauchen, wir sind uns nahe im Denken. Sie setzt Initiativen, weil sie selbstsicher geworden ist. Sie lässt sich von mir helfen, wenn sie nicht weiterweiß oder ich es für notwendig halte. Ihr traue ich zu, dass sie mit einem starken Team die vielen Kinder im Zentrum aufnehmen kann, damit sie bei uns eine Heimat finden, lernen, musizieren, ihre jungen Mütter zum Waschen holen; sie kann mithelfen, dass das Haus immer voll Leben sein wird – und dass es nicht gleich auseinanderfällt. Weil zwischen Antoaneta und unserem

Werk eine enge Verbundenheit gewachsen ist, kann sie das Neue aufbauen.

Eine solche Verbundenheit hat Jesus mit seinen Schülern. Er erklärt die enge Beziehung mit dem Bild des Weinstocks und der Rebe. Leicht verständlich für einen Galiläer, denn überall sind Weinberge. Jeder kennt die mühsame Arbeit des Weinbauers, wenn er die einzelnen Stöcke beschneiden muss. Das unbrauchbare Gestrüpp wird weggeschnitten und ins Feuer geworfen. Die Reben, die am Weinstock bleiben, tragen im Herbst süße Früchte. Dann wird aus den Trauben Wein, der Trank der Freude, bereitet. Die Propheten bezeichnen das Volk Israel als Weinstock, auch Jesus versteht sich als Weinstock – der Winzer ist Gott, der ihn eingepflanzt hat und sich liebevoll um jede Rebe kümmert. Wie der Winzer in seiner Sorge um die Rebe am Weinstock, so verbunden ist Jesus mit seinem Vater. Das gibt ihm den Lebenssaft, mit dem er sein Werk aufbauen konnte. Unter seinen Anhängern findet er die Schüler, die mit ihm ebenso verbunden sind. Ihnen übergibt er sein Werk, sie gründen Neues. Antoaneta kann unser neues Sozialzentrum leiten, weil sie bei uns und mit unseren Schützlingen verwurzelt ist. Die Verbundenheit, die zwischen uns gewachsen ist, gibt nicht nur ihr, sondern auch mir viel Kraft.

Mit wem bin ich verbunden? Welche Beziehung trägt Früchte? Wer ist in einem Unternehmen so verwurzelt, dass um ihn herum Neues wachsen kann?

Wie die Rebe aus sich keine Frucht bringen kann, sondern nur, wenn sie am Weinstock bleibt, so auch ihr, wenn ihr nicht in mir bleibt.

JOHANNES 15,4

Von dem Versuch, Engel zu sehen

Barrieren lösen sich auf. Menschen bekommen stärkere Konturen. Es stärkt das positive Denken.

Georg Sporschill

Mittags zieht eine Karawane von Kindern von der Dorfschule in unser Sozialzentrum. Unterwegs reihen sich einige kleine wilde Gestalten ein, ohne Schultasche. Die Schülerinnen in unserer Haushaltsschule haben gekocht und servieren den Kindern eine Mahlzeit. Für die meisten ist es das einzige Essen am Tag. Die Kinder drängen sich an die Tische. Immer gibt es Streit um die Plätze, an denen zuerst ausgeschöpft wird. Und ich staune: Gerade die Schwierigen wollen neben Aron sitzen. Aron ist ein Volontär, der nach der Schule nicht so recht wusste, was er wollte. Er begann ein Studium, war aber schon nach wenigen Wochen nie mehr an der Uni. Seine Energie steckte er vor allem in den Widerstand gegen die Mutter. Und eines Tages fragte er, ob er bei uns mitarbeiten könne. Um dann hier seinen Protest gegen die Erwachsenen fortzusetzen. Er war stets schlecht gelaunt, hatte einen aufmüpfigen, rotzigen Ton. Einmal wurde es mir zu bunt, und ich ermahnte Aron, sich zu benehmen, wenigstens »Guten Morgen« zu sagen.

Gerne hätte ich einmal mit ihm über sein wirkliches Problem gesprochen, aber er ließ niemanden an sich heran. Und nun sehe ich, dass die wilde Bande an seinem Hemd zieht, sie wollen bei ihm sitzen, mit ihm essen. Diese Beobachtung hilft mir, mit Aron umzugehen. Plötzlich sehe ich in ihm den Freund der Kinder. Sie spüren seine Kraft und Liebe, vielleicht auch, dass er sie deshalb so gut versteht, weil er selber schwierig ist. Plötzlich sehe ich in Aron einen Engel. Er, der große Bruder, läuft nach dem Essen hinaus aufs Fußballfeld, die wilden Burschen folgen ihm.

Engel sind in den biblischen Sprachen – Hebräisch, Griechisch, Lateinisch – einfach Boten, die modernen Sprachen unterscheiden zwischen himmlischen und irdischen Boten. Und doch ist es ein fließender Übergang zwischen den zwei Welten. »Lieber Gott, ich danke dir für den Engel neben mir«, beten unsere Straßenkinder mit Inbrunst und schauen dabei links und rechts auf ihre großen und kleinen Freunde. Sie spüren die Nähe Gottes in einer Familie, die ihnen geschenkt wurde, ihnen, die keine Familie hatten. Engel sind bei ihnen, Engel, die mit ihnen lernen, Engel, die sie begleiten und selbstbewusst auftreten lassen. Das ist unmittelbare Gotteserfahrung, wie sie Geheilten geschenkt wird.

Maria von Magdala, die Frau, die Jesus so nahestand, nachdem er sie von einer schweren psychischen Belastung geheilt hatte, sah zwei Engel in weißen Gewändern, »den einen dort, wo der Kopf, den anderen dort, wo die Füße des Leichnams Jesu gelegen hatten«. Während die Frau Engel sah und die Botschaft der Liebe empfing, sahen Johannes und Petrus das leere Grab, die Leinenbinden und das Schweißtuch, und hielten diese äußeren Fakten im Evangelium fest.

Was ändert es in der Beziehung, wenn ich Engel sehen kann? Barrieren lösen sich auf. Menschen bekommen stärkere Konturen. Es stärkt das positive Denken. Ich sehe einen Menschen milder, barmherziger, hoffnungsvoller.

Da sah sie zwei Engel in weißen Gewändern sitzen,
den einen dort, wo der Kopf, den anderen dort,
wo die Füße des Leichnams Jesu gelegen hatten.

JOHANNES 20,12

Erinnere dich daran, wie du verliebt warst

Es braucht die Verliebten, die einen tieferen Blick als die Normalen haben. Sie können andere in Bewegung setzen.

Georg Sporschill

Nach einem Monat Sprachkurs und Einschulung wurden den neuen Volontären die Aufgaben im Sozialprojekt zugeteilt. Auf der einen Seite waren die Fähigkeiten der jungen Leute zu berücksichtigen, auf der anderen Seite mussten die Bedürfnisse in unserem Werk abgedeckt werden. Ich suchte noch eine Unterstützung für das Sportprogramm der Mädchen im Sozialzentrum. Zu meiner Überraschung meldete sich Angelika. Das hatte ich nicht erwartet, da sie eher ihre künstlerische Begabung gezeigt und sich sportlich nicht beteiligt hatte. Angelika setzte sich unglaublich ein, sie hatte viele Ideen, mit denen sie die drogensüchtigen Mädchen von der Straße für die Körperübungen motivierte: Morgengymnastik, Volleyball, Badminton, Tischfußball, Hindernisläufe und abenteuerliche Wandertouren. Viele machten mit, ja sogar mehr und mehr Burschen waren plötzlich beim Mädchensport, obwohl sie bisher nur für Fußball zu begeistern gewesen waren. Wie konnte die eher unsportliche Angelika solche Energien entwickeln und bei anderen freisetzen? Bald kam ich dahinter: Sie war verliebt in Jan. Jan war verantwortlich für den Sport bei den Burschen. Da war nicht viel los. Sie wollte ihm imponieren – und nun hatte sie auch das Sportprogramm für die Burschen auf den Kopf gestellt. Jan wurde mitgerissen. Das ganze Sozialzentrum kam mir manchmal vor wie ein kleines Olympiatrainingslager. Und Angelika gewann Jan für sich. Sie wurden ein Paar.

Mich erinnert die Geschichte an Adam und Eva im Paradies. Eva hatte mehr Mumm als Adam. Sie wollte vom Baum der Erkenntnis essen, weil er »eine Augenweide war und begehrenswert war, um klug zu werden« (Genesis 3,6). Dann brachte sie Adam dazu, davon zu essen. Da sollten ihnen die Augen aufgehen, sie wurden wie Gott und erkannten Gut und Böse. Jetzt trugen sie selber Verantwortung mit Mühen und Zweifeln, weil ihnen die Leichtigkeit der Kindheit genommen war. Die aufgeweckte Eva hatte Adam zum Lernen gebracht, zur Unterscheidung der Geister.

Verliebt wie Eva, wie Angelika, ist Maria von Magdala. In ihrer Sensibilität für Jesus nimmt sie am Grab das Neue wahr und muss es weitersagen. Was sie – befähigt durch die besondere Liebe – sieht und hört, macht sie zur Künderin für die anderen Schüler Jesu. Maria von Magdala steht zum Herrn, auch in der neuen Situation des Verlassenseins. Als Erwachsene begegnet sie ihrem Geliebten auf neue Weise, sehend, hörend, kündend. Sie bleibt nicht von der Trennung gelähmt, sondern wird aktiv. Sie hat etwas zu sagen und bringt andere in Bewegung. Sie wächst mit ihnen im Glauben.

Eva, Maria von Magdala und Angelika, drei gefühlsstarke Frauen, die andere in Bewegung setzen.

Wo sind bei uns Menschen mit herausragendem Gespür, Menschen, die mehr wahrnehmen als die »Normalen«? Wann habe ich eine Liebe empfunden, die mich tiefer schauen ließ, als andere es konnten? Die mich Neues hören ließ, wo andere noch nicht einmal sahen?

Maria von Magdala kam zu den Jüngern und verkündete ihnen:
Ich habe den Herrn gesehen. Und sie berichtete,
was er ihr gesagt hatte.

JOHANNES 20,18

Feuer und Wasser

Begeisterung und Verlässlichkeit, Herz und Verstand – worin liegt deine Stärke? Welche Ergänzung brauchst du?

Ruth Zenkert

Wochenende – das lockte viele Jugendliche vom Bahnhof ins Sozialzentrum. Wer es an den Werktagen nicht schaffte, die wenigen Regeln einzuhalten, am Freitagabend war er da. Der Student Lucian brachte oft einige mit, die er in der Stadt aufgelesen hatte. Das Zentrum war voll mit wilden, drogensüchtigen Mädchen und Burschen. Am Samstagvormittag verkündete Lucian nach dem Frühstück das Programm. »Cavaleri«, begann er, »heute gehen wir in die Natur!« Die ganze Horde ging in den nahe gelegenen Wald. Zuerst war eine Jogging-Runde geplant. Selbst Ana, die nur ausgerissene Schlapfen hatte, mühte sich, mitzukommen. Sie nahm die Schuhe in die Hand und lief barfuß. Die Jugendlichen bildeten Mannschaften, machten Wettspiele, verspeisten eine gute Jause und kamen am Abend glücklich und erschöpft zurück. Am Sonntag arbeiteten sie an ihrem Theaterstück, das sie für das Sommerfest vorbereiteten. Es wurde spät, die Nachtruhe um zehn Uhr hielt keiner ein. Als dann die »Cavaleri« in die Betten gingen, hatte Lucian vergessen, dass er keinen zum Abspülen eingeteilt hatte. Die Küche war nicht abgesperrt, manche bedienten sich noch an den Töpfen. Am nächsten Morgen war Schichtwechsel; Lucian konnte sich kaum von seinen Jugendlichen losreißen. Er hatte schon neue Ideen für das nächste Wochenende. Tamara trat den Wochendienst an. Als sie sah, wie er das Haus hinterlassen hatte, stöhnte sie: »Jeden Montag das Gleiche. Er hält keine Ordnung ein!« Aber die gute Stimmung im Haus wirkte nach, bis sie sich in Vorfreude auf das Wochenende verwandelte. Die pflichtbewusste Tamara nahm die Schlüssel zur Besenkammer und begann mit ihrem Putztrupp, das Haus wieder in Ordnung zu bringen.

Tamara und Lucian sind Gegenpole. Sie ist die Ordnung in Person, er sprüht vor Phantasie. Leicht haben sie es nicht miteinander. Sie sind wie Feuer und Wasser. Keiner von beiden ist aus dem Sozialzentrum, in das die schwierigsten Leute kommen, wegzudenken. Um die Hoffnung nicht zu verlieren, brauchen wir die Hingabe beider. Sie erinnern mich an die zwei Jünger am Ostermorgen in Jerusalem. »Sie liefen beide zusammen, aber weil der andere Jünger schneller war als Petrus, kam er als Erster ans Grab.« Es ist der einzige Wettlauf, der in den Evangelien geschildert ist; der Sport gehört in das Gymnasion der griechischen Welt, nicht in die religiöse Welt des Judentums. Hier eilen die Frommen nur zum Gebet, zum Lernen und zum Gottesdienst, nicht aber ins Stadion. Der Wettlauf, den das Evangelium schildert, zeugt vom Ehrgeiz der zwei Jünger, sie suchen Jesus, sie eilen Ostern entgegen. Der Schnellere ist ein Sinnbild für den Liebenden mit seiner seelischen Kraft. Der Langsamere, der konsequent und genau, mit Verstand und Willen arbeitet, steht sinnbildlich für den Organisator. Beide Kräfte, Herz und Verstand, braucht es, damit eine Gemeinschaft leben kann.

Begeisterung und Verlässlichkeit, Herz und Verstand – worin liegt deine Stärke? Welche Ergänzung brauchst du?

Sie liefen beide zusammen, aber weil der andere Jünger schneller war als Petrus, kam er als Erster ans Grab.

JOHANNES 20,4

Der erste Schritt

Wer geht voran? Wer durchbricht die Angst?
Wie kann ich andere aus Lähmung befreien?

Ruth Zenkert

Freunde aus Österreich waren bei uns zu Besuch. Beim Abendessen führten wir angeregte Gespräche und saßen deshalb lange am Tisch. Unsere rumänischen Kinder warteten ungeduldig, bis die Tafel mit einem Dankgebet aufgehoben wurde. Sie hatten es zwar lustig mit den Kindern der Gäste, aber reden konnten sie nicht, es fehlte die gemeinsame Sprache. Da ging Ionela in ihr Zimmer und holte das Deutschlesebuch, das sie im Sommer geschenkt bekommen hatte. Schon länger war es unter ihrem Bett verschwunden gewesen, damit die Volontärin nicht mit ihr lesen konnte. Ionela fragte einen hübschen österreichischen Buben, ob er ihr helfen könne. Auf einem Suchbild im Buch musste sie die Gegenstände bezeichnen, das konnte sie schnell: der Tisch, der Stuhl, die Lampe. Dann waren einfache Fragen zu beantworten. Da sie mit dem Lesen Probleme hat, war das eine doppelte Herausforderung. Aber gemeinsam schafften sie es. Und plötzlich waren Ionela und der blonde Bub umringt von den anderen Kindern. Alle begannen zu sprechen und zu wiederholen, ein deutsch-rumänisches Kauderwelsch. Sie lachten und vergnügten sich miteinander. Was früher als lästiges Lernen unters Bett geschoben wurde, war nun für alle Kinder zu einem fröhlichen Spiel geworden. Wäre nicht Ionela vorangegangen …

Ionela kommt aus einer armen Familie, sie hat nur Schweres erlebt. Eine überforderte Mutter, viele Geschwister, für die das Mädchen bald sorgen musste, sie konnte nicht in die Schule gehen. Nichts zu essen, von Männern missbraucht, jeder Tag und jede Nacht ein Alptraum. Seit zwei Jahren lebt sie in unserer Gemeinschaft, mit anderen Kindern, die Ähnliches erlebt haben.

Als Ionela das Deutschbuch holte, erinnerte sie mich an die Prophetin Mirjam, die Schwester von Mose und Aron. Sie »nahm die Pauke in die Hand und alle Frauen zogen mit Paukenschlag und Tanz hinter ihr her« (Exodus 15,20). Das geschah beim Exodus, dem Auszug aus der Sklaverei. Die Menschen hatten noch die Mühen der Vergangenheit im Kopf, sie waren den Verfolgern entkommen, hatten dem Tod ins Auge geschaut. Der Weg durch die Wüste lag vor ihnen. Mirjam ging voraus, andere Frauen und das ganze Volk folgten ihr in das Abenteuer. Noch oft brauchte ihr Bruder Mose sie als diejenige, die vorausging. Durch ihr Tun war Mirjam eine Mutmacherin. Nichts anderes hat Simon Petrus getan, als die anderen nicht fassen konnten, dass Jesus auferstanden war, dass es ein Leben nach dem Tod gab. Petrus erinnerte sich an sein erstes Erlebnis, als Jesus beim Fischen dabei war und zu ihm und seinen Freunden sagte: »Fahrt hinaus, wo es tief ist, und werft eure Netze zum Fang aus!« (Lukas 5,4) So nahm ihm Jesus in der Alltagsarbeit die Ängstlichkeit und gab ihm den Auftrag, andere zu gewinnen. Er machte ihn zum Menschenfischer, zu dem, der den anderen voranging.

Ionela, Mirjam und Simon Petrus taten den entscheidenden Schritt. Wer durchbricht die Lähmung? Wer geht voran? Wie kann ich andere von ihrer Ängstlichkeit befreien? Durch den ersten Schritt.

Simon Petrus sagte zu ihnen: Ich gehe fischen. Sie sagten zu ihm: Wir kommen auch mit. Sie gingen hinaus und stiegen in das Boot.

JOHANNES 21,3a

Alles hängt von dir ab

Gott will Partner, nicht Kinder. Aus der Spannung von Himmel und Erde ergibt sich der nächste Schritt.

Ruth Zenkert

Die kleinwüchsige Savina sitzt mit einem Baby im Arm in der kleinen Hütte. Um sie tummeln sich ihre vielen Buben. George hat eine Brandwunde am Kopf, weil er beim Raufen an den kleinen Herd gestoßen wurde. Viorel wird immer aggressiver und provoziert, wo es geht. Im Raum steht ein Schrank, aus dem alles Mögliche herausquillt: Wäsche, Maispulver für das traditionelle Gericht Mamaliga, eine Taschenlampe, die Geburtsurkunden der Kinder. Zwei Betten, beladen mit Schmutzwäsche, zerlegtem Spielzeug, alten Batterien. Dort schläft ein Kind, das Gesicht von Fliegen besetzt. Savina kann nur noch versuchen, von einem Augenblick zum nächsten zu überleben. Ihr Mann Milu kommt herein, er hat ein paar Äste gebracht, damit sie auf dem Herd Mamaliga kochen kann, etwas anderes gibt es selten. Zur Familie gehört ein behinderter Onkel, auch er muss versorgt werden.

Unter den Kindern ist eine einzige Tochter, Maria. Man sah ihr lange nicht an, dass sie ein Mädchen ist, weil sie wegen der Läuse ganz kurze Haare hatte. Oft fürchtete sie sich, weil in der ohnehin schon überfüllten Hütte fremde Männer ein und aus gingen. Wir nahmen Maria in unsere Gemeinschaft auf. Aus dem verschreckten kleinen Wesen entpuppte sich bald ein hübsches Mädchen. Sie ging in die Schule und zeigte gute Leistungen, machte mit in unserem Chor, bekam extra Gesangsunterricht. Sie wurde ein kleiner Star. Doch je mehr sie sich entwickelte, desto mehr verlor sie das Interesse an ihrer Familie. Der Erfolg stieg ihr zu Kopf, sie wurde zickig und unzufrieden. Bis zu dem Tag, als die Delegation vom Kinderschutzamt kam und kontrollierte. Es sei illegal, hieß es, dass Maria hier wohne, sie musste zurück in die Lehmhütte. In den Schmutz mit Läusen und Flöhen, zu den wilden Brüdern und Männern, die das schöne Mädchen begehrten. Es war eine Katastrophe, für Maria und für uns. Wir begleiteten sie zu den Eltern. Unter Tränen richtete sich Maria ein Plätzchen ein, an dem sie schlafen wollte.

Mit allen Mitteln kämpften wir darum, sie aus der schrecklichen Situation herauszuholen. Schließlich durfte sie zurück in unsere Gemeinschaft und konnte wieder lernen. Seit diesem Tag ist Maria verwandelt. Die Rückkehr zu den Eltern hat sie aufgeweckt. Die himmlische Stimme ist jetzt geerdet.

»Im Anfang erschuf Gott Himmel und Erde«, Oben und Unten. Aus dem Hohen und Niederen soll eine Partnerschaft werden zwischen Gott und Mensch. »Der Himmel ist Himmel des HERRN, die Erde aber gab er den Menschen.« (Psalm 115,16) Ignatius von Loyola formulierte es pädagogisch: »Handle so, als ob alles von dir selbst abhinge, und wisse zugleich, dass alles von Gott abhängt.« Eine zweifache Verantwortung.

Wir konnten Maria aus dem Elend herausholen. Genauso wichtig wie unsere Hilfe aber wird ihre Mitarbeit sein. Wenn sie ihre Eltern ehrt, eifrig lernt, sich um andere kümmert, dann wird sie es schaffen. Sie muss geerdet bleiben, sonst wird sie nicht selbstständig.

Gott will Partner, nicht Kinder. Aus der Spannung von Himmel und Erde ergibt sich Zukunft, zumindest der nächste Schritt.

Im Anfang erschuf Gott Himmel und Erde.

GENESIS 1,1

Du bist das Licht der Welt

Für wen kann ich das Leben heller machen, wer macht mein Leben hell?

Ruth Zenkert

Ein junger Mann in elegantem Anzug steht am Waldrand und spielt auf dem Horn eine Melodie aus Bizets »Carmen«. Das Sonnenlicht wirft den Schatten des Instruments auf sein weißes Hemd, sodass auch auf diesem ein Horn zu sehen ist. Catalin war ein Straßenkind. Seine Mutter stand mit vielen Kindern allein da, sie konnte ihm nichts zu essen geben und hatte nicht genug Platz. So wuchs Catalin bei uns im Kinderhaus auf. Nach dem klassischen Stück singt er nun mit Robert, seinem Freund aus dem Kinderhaus, Roma-Lieder.

Die beiden sind nicht allein. An diesem Tag wurde in Schönbach im Waldviertel die »Via Lucis« eingeweiht. Dieser Lichtweg führt vom Ortsrand aus auf einen Hügel hinauf. Wie ein Kreuzweg hat er 14 Stationen; inhaltlich setzt er da an, wo der Kreuzweg endet. Die erste Station heißt »Auferstehung«. Oben am Hügel soll der abschließende »Pfingstkreis« dem Besucher die Kraft geben, mit den Gedanken, die ihn unterwegs erhellt haben, in die Welt hinauszugehen und guten Geist auszustrahlen. Jede Station wurde von Künstlern gestaltet und deutet ein biblisches Thema. Und jede Station ist einer sozialen Organisation gewidmet. So begleiten Waisenkinder, Arbeitslose, Straßenkinder, Kranke und ihre Helfer die Lichtweg-Gehenden. Mich hat besonders die Station »Das leere Grab« beeindruckt: Ein aufgestellter Quader, ohne Wände, auf dem Boden eine Betonplatte mit Fußabdrücken, sie lädt ein, hineinzutreten. Selbstverständlich richte ich den Blick nach oben. Dort ist ein Spiegel – ich sehe mich selbst! Und ich höre das Wort Jesu: »Du bist das Licht der Welt.«

Am Tag der Einweihung gingen wir von Station zu Station. Eine Gruppe von Saxophonisten entführte uns mit einer zarten Melodie zu den Fragen des Herzens. Die Belastungen des Alltags schienen abzufallen, mit jedem Schritt, an jeder Station spürte ich, wie Licht in meine Seele drang. Oben angekommen, gelangten wir zum »Pfingstkreis«, einem gepflasterten Platz, in den es alle hineinzog. Hier hatten Catalin und Robert musiziert. Zwei Roma-Jugendliche, Kinder von der Straße, die den Weg aus der Dunkelheit zum Licht gegangen sind. Sie haben gekämpft, gelernt, studiert. Catalin ist Hornist geworden, Robert macht Karriere in einem österreichischen Unternehmen. Jetzt strahlen sie und arbeiten mit, damit die Welt heller wird.

»Gott sprach: Es werde Licht. Und es wurde Licht.« Nachdem Gott Himmel und Erde geschaffen hat, ist seine zweite Großtat die Erschaffung des Lichts. Ihm ist wichtig, dass die Dunkelheit überwunden wird. »Du hüllst dich in Licht wie in einen Mantel« (Psalm 104,2): ein Bild für Gott. Mit ihm sind wir eingehüllt in den Mantel des Lichts und können es weitergeben. Die sozialen Werke, auf dem Lichtweg Station für Station, bringen Menschen, die im Dunkel sind, ans Licht. Die Welt ist hell, wo wir einander helfen, wo Flüchtlinge aufgenommen werden, wo wir Freude ausstrahlen, unsere Begabung für andere einsetzen. Wer Leben aufbaut und rettet, arbeitet als Partner Gottes mit an der Schöpfung, jeden Tag.

Für wen kann ich das Leben heller machen, wer macht mein Leben hell?

Gott sprach: Es werde Licht. Und es wurde Licht.

GENESIS 1,3

Energien fließen in neues Land

Eine Aufgabe ist getan, was kommt Neues? An welcher Klippe bekommt mein Leben einen neuen Sinn?

Ruth Zenkert

Schwer konnte man einen Termin mit Sebastian finden, weil er ganz für seine Arbeit lebte. Aufgrund seiner unglaublichen Energie wurde alles ein Erfolg, was er anpackte. Es gelang ihm sogar irgendwie, eine gute Ehe zu führen und für seine vier Kinder ein fürsorglicher Vater zu sein. Und plötzlich war alles aus. In der Bank, wo er eine führende Position hatte, wurden Bereiche zusammengelegt, wider Erwarten wurde er wegrationalisiert. Nachdem er den Schock verkraftet hatte, begann Sebastian, die Chance zu nutzen und vieles zu tun, wozu er die letzten dreißig Jahre keine Zeit gehabt hatte. Er achtete auf seine Gesundheit, begann mit Sport und Erholung. Lesen, Theater, Kino – neue Welten taten sich ihm auf, die er nicht mehr wahrgenommen hatte. Und es begann wieder in ihm zu kribbeln. Sebastian ist ein Mensch, der gerne etwas in Bewegung setzt. Doch nun sollte es nicht für eine Firma sein, die ihn eines Tages wieder gnadenlos hinaussetzen würde. Sebastian erinnerte sich an die Freundschaft mit uns und kam auf Besuch nach Hosman. Wir redeten über die Entwicklung des jungen Werkes und über die Hürden, mit denen wir zu kämpfen hatten. Sein Kribbeln wurde stärker: Alle Erfahrung aus seinem Job konnte er hier teilen. Sebastian sah die Notwendigkeit, öfter zu kommen. Sein Wissen und seine Fähigkeiten fielen auf fruchtbaren Boden. Nicht nur organisatorische Fragen packten wir an, auch die pädagogischen und musikalischen Bereiche gewannen an Wert. Und was tat sich bei Sebastian selbst? Was hatte ihn angezogen? Er hatte Freunde gefunden.

Andere, als er bisher gehabt hat, keine geschäftsorientierten Beziehungen, die nur auf Themen der Firma fokussiert waren. Jetzt fand er Menschen mit spannenden Geschichten, denen er helfen konnte, die aber auch ihm einen neuen Sinn gaben. Er war dankbar, dass er von seinem Reichtum geben konnte, und er spürte, dass er sogar noch viel mehr zurückbekam. Es entwickelte sich eine wertvolle Zusammenarbeit, zum Wohl vieler Menschen in Not.

Sebastians Energien fließen wie der Strom, der in Eden entspringt und zuerst den Garten bewässert, den Gott den Menschen anvertraut. Der Wasserreichtum oder die Kräfte sind durch den Luxusgarten – griechisch Paradies – nicht erschöpft, sondern strömen über und weiter in alle Himmelsrichtungen. Der Strom teilt sich in vier Hauptflüsse, er vermehrt sich, um die ganze Erde zu erfüllen. Vier symbolisiert die Vollkommenheit: vier Jahreszeiten, vier Himmelsrichtungen, vier Elemente und – damals – vier Erdteile. Sebastian hat in »seinem Garten« – Beruf und Familie – alles erreicht. Der Einbruch in seiner Karriere bot für seine Energien, sein Können und seine Erfahrungen ein neues Betätigungsfeld. Seine überströmenden Kräfte kommen jetzt Menschen zugute, die nicht bezahlen können. Und er erlebt, wie trockenes Land fruchtbar wird. Manch unbetreutes Kind geht jetzt in die Schule.

Eine Aufgabe ist getan, was kommt Neues? Wo vermehren sich meine Energien? An welcher Klippe bekommt mein Leben einen neuen Sinn?

Ein Strom entspringt in Eden, der den Garten bewässert;
dort teilt er sich und wird zu vier Hauptflüssen.

GENESIS 2,10

Der gute Stress

Aufträge, die belasten, und Aufträge, die glücklich machen. Was bleibt?

Ruth Zenkert

Rotblaue Hände kneten die Wäsche im kalten Wasser, das sich zu einer braunen Brühe verfärbt. Stanas älteste Tochter, die 14-jährige Maria, hat den Kübel in die Roma-Behausung geschleppt. Der Dorfbrunnen gibt reines Wasser und ist den ganzen Winter über nicht zugefroren. Ich soll mich in die Ecke neben die Feuerstelle setzen, um mich zu wärmen. Im düsteren Raum schlafen Jugendliche, Kinder springen herum, zwei verstecken sich unter dem bodenlangen Kleid der Mutter. Sie sagt, dass ihr Mann beim zehnten Kind weggegangen sei. Jetzt sei alles leichter, kein Trinken und kein Schlagen mehr. Es geht uns gut, meint sie und schaut froh und doch besorgt auf ihre Schar. Wo wird sie heute das Brot für sie hernehmen? Das Herz tut mir weh, wenn meine neue Freundin erzählt. Sie wünscht sich, dass ihre Kinder gut lernen können.

Bevor ich in das Dorf kam, konnte ich in der nahen Stadt Sibiu/Hermannstadt bei Bekannten unterkommen. Die Villa war groß, es gab Internet, ich durfte das Auto benutzen. Die Frau drängte mich immer, zu essen. Ihr Mann wollte uns helfen, ein altes Bauernhaus zu finden. Er brachte mich nach Neudorf und stellte mir in Aussicht, hier ein Arbeitsprojekt zu starten. Die einzige Möglichkeit der Leute besteht darin, gelegentlich als Taglöhner oder Schafhirten etwas zu verdienen, oder selbst zwei, drei Schafe zu halten und deren Milch oder Fleisch zu verkaufen. »Wenn ein normaler Mensch hier aus dem Auto aussteigt und die vielen Zigeuner sieht, fährt er sofort wieder weg«, sagte der Geschäftsmann. Die Belastung war für ihn zu groß. Gemeinsam mit einer Volontärin bin ich zurückgeblieben.

Ein Hindernislauf begann. Wenn ich ratlos bin, schaue ich bei Stana vorbei. Dann weiß ich, dass hier unser Auftrag ist. Sie kämpft für ihre Kinder, sie hat fast nichts und gibt doch viel. Mir gibt sie Geborgenheit.

Die Frage, was ewiges Leben ist, versetzt mich in Stanas Hütte. Hier kannst du greifen, was gültig ist. Ewiges Leben, so formuliert Jesus den Auftrag, den er vom Vater bekommen hat. Und wie setzt er ihn um? Er versammelt ein paar junge Menschen um sich und zeigt ihnen eine bestimmte Art von Leben. Sie sollen die Not sehen lernen und die Angst ablegen. Mit ihnen geht er zu den Kranken und berührt die Aussätzigen. Bei den Menschen, die anders sind, sieht er das Gute. Auch wenn nicht viel da ist, gibt er den Hungernden zu essen. Kein Wunder, dass seinen Helfern und Helferinnen Stress nichts Unbekanntes ist. Sie suchen Ruhe und stoßen immer wieder auf Leute, die wie Schafe sind, die keinen Hirten haben. Mit den Herausforderungen aber entdecken die jungen Leute ihre Stärken und ihre Berufung.

Als wir einmal Stanas Familie verlassen, sagt die 19-jährige Volontärin fast übermütig: »Jetzt weiß ich, wozu ich auf der Welt bin; ich werde nicht drei Monate, sondern ein Jahr hierbleiben.« Stana braucht Hilfe. Doch mehr noch gibt sie – eine Liebe, die ihre Kinder spielen lässt und uns den Mut zu einem Auftrag gibt, der glücklich macht.

Aufträge, die belasten, und Aufträge, die glücklich machen. Was bleibt?

Und ich weiß, dass sein Auftrag ewiges Leben ist. Was ich also sage, sage ich so, wie es mir der Vater gesagt hat.

JOHANNES 12,50

Einen Weg wählen

Welche Entscheidung prägt mich?
An wen und was habe ich mich gebunden?
An welcher Weggabelung stehe ich heute?

Ruth Zenkert

Unglaublich, dieser Stefan! Dass er ein so talentierter Fußballer war, hätten wir uns nicht gedacht. Eine wahre Bombe, gewandt, clever, reaktionsschnell. Er schoss mehrere Tore und entschied das Match. Noch eine seiner vielen Begabungen.

Stefan war für einen Sommer in unser Jugendhaus nach Wien gekommen, um ein Praktikum zu absolvieren. Er studierte Theologie, sein Heimatpfarrer unterstützte den Oberministranten, damit er ein guter Priester werde. Dann ging der Sommer, aber Stefan blieb. Die Arbeit mit den Obdachlosen und Drogensüchtigen faszinierte ihn, und er verlängerte seinen Einsatz. Was er anpackte, wurde zum Erfolg. Der schwarzlockige junge Mann war beliebt bei den Mitarbeitern und Schützlingen, aber auch bei den Mädchen. Seine Welt wurde immer bunter, das Studium hingegen interessierte ihn weniger. Vom Priesterseminar meldete er sich ab. Er wollte zur Philosophie oder auf die Sozialakademie umsteigen. Dann wieder begeisterte er sich für einen praktischen Beruf: Als Tischler mit Langzeitarbeitslosen ein Projekt aufbauen, das hätte ihm gefallen. Wir redeten über viele Ideen, aber rechnen konnten wir nicht mit ihm; er müsse gehen, hieß es. Nach einem Jahr packte er seine Koffer. Stefan hinterließ viele sehnsüchtige Herzen und unerfüllte Träume.

Eines Tages kam er auf Besuch, mit einer Begleiterin. Ich war schönere Frauen an seiner Seite gewohnt; Silvia war klein, dicklich und schüchtern. Aber bei Stefan spürte ich eine Veränderung. Er war nicht mehr der unruhige Geist, der allen schöne Augen machte. »Wir werden im Herbst heiraten«, kündigte er uns an. Inzwischen hat er drei Kinder und arbeitet als Pastoralreferent. In der Jugendarbeit kümmert er sich um die Außenseiter, und er hat eine lebendige Gemeinde.

Unter den vielen Möglichkeiten, sein Leben zu gestalten, hat Stefan eine gewählt. So lädt auch Jesus seine Freunde auf einen Weg ein: »Niemand kommt zum Vater außer durch mich.« Wenn wir mit ihm gehen und lernen, finden wir zu Gott. Jesus macht uns dieses Angebot. Gleichzeitig aber weiß er, dass es viele gibt, die schon bei seinem Vater sind und ihn gar nicht als Wegweiser brauchen. Jesus erkennt an, dass es zu Gott auch andere Wege gibt als ihn. Diese anderen stellt er seinen Gefährten sogar als Vorbild hin, damit sie von ihnen den starken Glauben lernen. Unser Glück finden wir dann, wenn wir uns in der Vielzahl der Wege ganz für einen entscheiden. Jesus bietet uns sein Leben als Modell an.

Stefan hatte zahlreiche Angebote, viele warben um ihn. Er hat sich für einen Weg entschieden – nicht für die schönste Frau, nicht nach dem Wunsch seiner Begleiter. Es ist nicht der einzige Weg und vielleicht auch nicht der beste, aber er kann ihn gehen. Weil er sich an jemanden gebunden hat, ist er glücklich. Wenn ich mich angesichts all meiner Begabungen, Freunde, Interessen für einen Weg entscheide, bekomme ich Profil und kann mein Ziel erreichen.

Wann habe ich mich für einen Weg und gegen die vielen anderen entschieden? Welche Entscheidung prägt mich? An wen und was habe ich mich gebunden? An welcher Weggabelung stehe ich heute?

Niemand kommt zum Vater außer durch mich.

JOHANNES 14,6b

Die Schätze in dir

Du trägst mit dir eine Wegzehrung, das Viaticum.
Welche Warnung, welche Ermutigung geben
dir deine Erinnerungen?

Ruth Zenkert

Feinbitterer, ranzig scharfer Geruch: Motorenöl für Traktoren. Wenn ich es heute irgendwo rieche, steigt ein Bild in mir auf: ein offener Sarg, so hoch oben, dass ich nicht hineinschauen kann; viele schwarz gekleidete Menschen, verlorene Stimmung. Ich war vier Jahre alt, mein Großvater lag aufgebahrt in der Werkstatt des Hofs, auf dem meine Mutter aufgewachsen war.

Die Nacht vor dem Muttertag. Meine Freundin und ich durchstreiften die Gärten unserer Nachbarn und pflückten die schönsten Blumen. Über Nacht stellten wir sie in Eimer und versteckten sie hinter den Fahrrädern. Am Morgen überreichte ich meiner Mutter mit guten Wünschen einen bunten Strauß. Wie immer durchschaute sie das Spiel: »Woher sind die Blumen?« Ich beschrieb, wie wir über die Zäune geklettert waren; da nahm sie den Strauß und warf ihn in den Mistkübel: Stehlen ist eine Schande! Der Tag wurde kein Fest mehr.

Buchstaben im Schnee. Jeden Winter gab es ein Fest der Pfadfinder im Gemeindesaal. Ein hübscher Bursche forderte mich auf, wir tanzten den ganzen Abend miteinander. Auf dem Heimweg spürte ich ein großes Glück, ich war zum ersten Mal verliebt. Und schrieb mit dem Finger seinen Namen in den Schnee: Robert. Ich habe ihn nie wiedergesehen.

Eine Zugfahrt. Die Arbeit in der Bank war nicht das, was ich mir für mein Leben vorgestellt hatte. Bei der Suche nach Neuem stieß ich auf eine Bibelschule und fuhr zum Vorstellungsgespräch nach München. Der Pater nahm mich auf, ich unterschrieb und fuhr wieder nach Hause. Im Zug wurde mir erst klar, welch ernste Folgen diese Entscheidung hatte. Ich musste kündigen – und dann? Hatte ich nicht leichtsinnig gehandelt? Ganz allein im Abteil, sah ich die Landschaft vorbeiziehen und wusste: Ich sitze im richtigen Zug.

Eingesperrt. Vor dem Weihnachtstag veranstalteten wir im berüchtigten Bukarester Gefängnis Jilava eine Feier mit unseren Freunden, die wir von der Straße kannten. Später gab es ein bescheidenes Essen, das wir mit Wurst und Gurken angereichert hatten. Die Festgemeinde musste in ihre Zellen zurück, wir durften durch die Luken hineinschauen: zwanzig Männer auf engstem Raum, mit kleiner Nasszelle, alles von außen unter Kontrolle. Der Wärter sah unsere geschockten Gesichter und fragte: Wollt ihr die Abteilung aus »den Zeiten« sehen? So nennen sie die Ceauşescu-Jahre. Wir folgten ihm in die Bunker, die nicht mehr benutzt werden, aber noch im Originalzustand sind. Lange finstere Gänge. Die Dunkelzellen: ohne Licht und Luft, ein Brett zum Liegen, tagsüber hinaufgeklappt. Der Raum für die Neuankömmlinge: ein großer Keller, es tropfte von der Decke, Hunderte waren dort inhaftiert. Die dicken Eisenriegel lagen verrostet in der Ecke. Ich hielt es nicht aus, trotz offener Türen. Ein Weihnachtsfest, an dem ich nur noch dankbar war für die Freiheit, in der ich leben darf.

Du trägst mit dir eine Wegzehrung, das Viaticum. Welche Warnung, welche Ermutigung geben dir deine Erinnerungen?

Der Beistand aber, der Heilige Geist,
… der wird euch an alles erinnern, was ich euch gesagt habe.

JOHANNES 14,26

Das Spiel mit dem Abschied

Wann kann ich das Kind, die Nachfolgerin, den Schützling gehen lassen?

Georg Sporschill

Wenn man tausend Kinder von der Straße holt, stehen einem natürlich einige besonders nahe. So ist es auch Robert gelungen, mein Herz zu gewinnen. Er kam zu uns, nachdem seine Eltern ihre Wohnung verloren hatten. Robert schloss die Schule mit der Matura ab, studierte Wirtschaft und erwarb einen Bachelor-Titel. Er ist begabt, spricht Deutsch und Englisch, spielt so gut Fußball, dass er sogar Profi werden wollte. Und er hat seine eigene Band auf die Beine gestellt. Mitreißend klingt es, wenn er in seiner Muttersprache Romanes singt. Robert kann Menschen gewinnen, er sieht gut aus, alle Blicke sind auf ihn gerichtet. Dass ihn die Mädchen anhimmeln, versteht sich von selbst. Bei so begabten jungen Leuten stelle ich mir oft die Frage, ob sie meine Nachfolger werden könnten. Wie wunderbar wäre es, einen so talentierten, sympathischen, witzigen Menschen neben sich zu haben und ihm Leitungsaufgaben anzuvertrauen!

Nun suchen wir für unsere Musikschule in Hosman einen Leiter. Er soll die Schüler aus den bettelarmen Roma-Familien und die besten Lehrer aus dem Milieu zusammenführen und den Unterricht organisieren. Er soll einen Blick für die verletzten Seelen haben und die Ärmsten hereinholen. Ideal wäre es, wenn er die Roma-Sprache beherrschte. Eine Kombination solcher Voraussetzungen ist selten. Robert würde das alles mitbringen. Aber er hat einen anderen Weg eingeschlagen. Er hat jetzt einen Ausbildungsplatz bei einer großen österreichischen Firma und strebt eine Karriere als Manager an. Und neben der Arbeit will er noch seinen Master-Abschluss machen. So wie es aussieht, wird er das schaffen.

Natürlich kennt Robert die Hoffnungen, die ich in ihn setze. Bei unserem letzten Zusammentreffen tröstete er mich: Wir sind Freunde und bleiben Freunde, egal, was wir machen. Ich werde es dir beweisen, wenn du einmal alt und krank bist und nicht mehr gehen kannst; dann werde ich dich schleppen.

Manche unserer Schützlinge würden am liebsten direkt nach der Ausbildung bei uns arbeiten. Die Versuchung ist groß, wenn wir dringend jemanden brauchen, dem wir vertrauen. Aber ich bin überzeugt, dass sie zuerst in die Welt hinaus müssen, um sich in fremden Gewässern zu bewähren. Und wir dürfen sie nicht zurückhalten.

Jesus soll seinen Schülern den bevorstehenden Abschied erklären und dessen Sinn erschließen. Das politische Netz zieht sich zusammen und wird ihm den Tod bringen. Werden seine Schüler das verkraften, werden sie beisammen bleiben, werden sie das Werk, für das er sie geschult hat und das er ihnen übergeben muss, fortführen? Werden sie im Dunkel die Hoffnung bewahren und ihn dann empfangen, wenn er in ganz neuer Gestalt wiederkommt?

Sozialarbeit ist ein Spiel mit dem Abschied. Ähnliches gilt für Eltern und ihre Kinder, für Unternehmer und ihre Nachfolger. Der Abschied im rechten Moment ermöglicht die Rückkehr als Freund. Wann muss ich jemanden gehen lassen? Wann muss ich ihn in die Verantwortung stoßen? Wann muss Distanz sein?

Ihr habt gehört, dass ich zu euch sagte:
Ich gehe fort und komme wieder zu euch.

JOHANNES 14,28a

Der Vater geht, seine Kraft kommt

Von wem wurde ich getrennt, um erwachsen zu werden?
Wessen Geist gibt mir heute noch Ideen und Ansporn?

Ruth Zenkert

Ani fährt hervorragend Auto, das hat sie von ihrem Vater gelernt, der ebenfalls wunderbar fährt. Er ist stolz, dass seine beiden Kinder im richtigen Moment in der Kurve beschleunigen, dass sie einschätzen können, wann sie gerade noch überholen dürfen. Ani packt überall an. Beim Hausbau stand sie ihrem Bruder in nichts nach, auch die schweren Balken für den Dachstuhl hat sie geschleppt. Weil die Eltern in unserem Projekt mitarbeiten – der Vater fährt, die Mutter kocht und hilft im Garten –, war Ani oft dabei, um sie zu unterstützen. Nachdem sie die Schule abgeschlossen hatte – keine Matura, denn sie will nicht hoch hinaus –, haben wir sie angestellt. Da sie in der Ausbildung auch Patisserie gelernt hatte, wollte ich sie im Nachbardorf in unserer Bäckerei einsetzen. Doch sie meinte, sie wolle nicht weg und bleibe lieber im Dorf. So beschäftigten wir sie in der Musikschule. Viele Kinder müssen von zu Hause abgeholt werden, damit sie pünktlich in ihre Unterrichtsstunde kommen. Ohne Uhr und ehrgeizige Mutter schaffen sie es nicht. Für Ani ist es eine leichte Aufgabe, weil sie weiß, wer wo wohnt. Während die Schüler musizieren, beschäftigt sie die wartende Kinderschar mit Spielen im Hof. Wenn die Schule beginnt, gibt es wieder die Hausaufgabenbetreuung. Die jungen Mädchen bleiben gerne bei Ani und helfen am Abend beim Saubermachen, bis sie miteinander nach Hause gehen.

Allerdings: Anis Einsatz bleibt begrenzt und phantasielos. Sie macht alles, was wir ihr sagen, auch alles, was der Vater ihr sagt, doch nicht mehr. Sie macht auch alles nicht, was er nicht will. Weil ihm der Freund nicht gefallen hat, hat der Papa ihn vor der Schule abgefangen und ihm gedroht, er solle die Finger von der Tochter lassen. Jetzt ist sie solo, und der Vater wird ihr den richtigen Partner finden. Ich warte auf den Tag, an dem Ani den Sprung hinaus schafft. Vielleicht wird das erst geschehen, wenn der Vater gegangen ist?

Als Jesus den Abschied vor sich sieht, redet er vom Gehen. Seine Freunde werden jetzt selbstständig werden. Solange er da ist, ist er der Lehrer und sie sind die Schüler. Nach der guten Ausbildung, die sie von ihm erhalten haben, werden sie in eine neue Aufgabe hineinwachsen. Nun werden sie die Lehrer, die Führungskräfte werden. Jesus stößt sie in die neue Rolle hinein. Kraft und neue Ideen erhalten sie durch den Geist, den er ihnen mitgibt. Der Umschwung vom Schüler zum Lehrer, vom Kind zum Erwachsenen braucht die Ablösung. Durch die Distanz in der Beziehung spüre ich, dass es jetzt ein neuer Geist ist, mein Geist, der aus mir selbst spricht. Der Geist wird kommen, wenn der Vater geht. »Denn wenn ich nicht fortgehe, wird der Beistand nicht zu euch kommen; gehe ich aber, so werde ich ihn zu euch senden«, sagt Jesus. Und ich hoffe, so wird auch Ani einmal Verantwortung übernehmen.

Von wem wurde ich getrennt, um erwachsen zu werden? Wessen Geist gibt mir heute noch Ideen und Ansporn?

Denn wenn ich nicht fortgehe, wird der Beistand
nicht zu euch kommen; gehe ich aber,
so werde ich ihn zu euch senden.

JOHANNES 16,7b

Der Zeitpunkt für eigene Pläne

Wer hat mich zum Laufen gebracht?
Wann ist der Funke auf mich übergesprungen?
Welche Bitte habe ich heute im Herzen?

Georg Sporschill

Schon von Weitem sah ich, dass Ghiza wieder weg war. Am Tag zuvor hatten wir gemeinsam den Hof aufgeräumt. Die Mutter hatte Berge von Kleidern gewaschen, trotz des Regens hing die Wäsche kunterbunt zum Trocknen auf den Zaunpfählen. Mit Steinbrocken war ein Pfad zum kleinen Haus gelegt, damit nicht mehr der ganze Schlamm hineingetragen wurde. Drinnen hatten wir gefegt und alles vom Boden in den Kasten geordnet. Die Großen hatten mir und der Mutter geholfen, nur Ghiza ging aus und ein, verschwand, rührte keinen Finger. Ich hatte ihn gebeten, wenigstens den Müll, den wir vor dem Haus zusammengetragen hatten, mit dem Pferdewagen des Nachbarn zur Grube hinauszufahren. Er hatte es versprochen, aber der Müllhaufen lag noch da, inzwischen von den Hunden aufgewühlt und über die ganze Straße verteilt. Von Ghiza keine Spur. Wie immer räumten wir den Dreck weg, mit dem Pferd des Nachbarn. Dann tauchte Ghiza auf. Er war im Dorf gewesen. Begeistert erzählte er, dass er mit einem Freund verhandelt hatte. Er werde sich selbst ein Fohlen kaufen, damit er durch Fahrten und Pflügen bei den Bauern Geld verdienen könne. Dazu musste er nun den Stall herrichten. Das Dach war schon lange eingestürzt. Er brauchte neue Balken. Ich versprach ihm, dass er sie sich bei uns verdienen könne, wenn er in Haus und Hof mithelfe. Seitdem war Ghiza nicht mehr wiederzuerkennen. Er teilte die Geschwister ein zum Saubermachen, holte Wasser vom Brunnen, schaffte den Müll fort, ohne dass ich ihm ein Wort sagen musste, bis er sich die Balken und neue Dachziegel verdient hatte. Wir brachten das Baumaterial zu ihm und halfen ihm, das Dach zu bauen. Ghiza brachte Stroh, einen Haufen Maiskolben, Heu, und bald stand ein junges Fohlen im Stall. Als ältester Sohn der zwölfköpfigen Familie wird er jetzt ein wenig mithelfen können, dass jeden Tag Brot im Haus ist.

Erst als Ghiza eine Perspektive für sich sah, konnte er zupacken. Dann konnten wir ihm helfen, seine Wünsche zu erfüllen. So mag es auch Jesus mit seinen Schülern gegangen sein. Jahrelang lehrte er sie in Wort und Tat, manches hat gegriffen, manches weniger. Bis der Zeitpunkt gekommen war, dass sie selbst umsetzen konnten, was er ihnen beigebracht hatte. »Bis jetzt habt ihr noch um nichts in meinem Namen gebeten. Bittet und ihr werdet empfangen …« Jesus schickte seine Schüler in die Welt, damit sie sein Werk fortsetzen. Er wusste, dass sie nur dann beginnen würden, wenn die Pläne ihrer eigenen Sehnsucht entsprangen und nicht mehr seiner Führung. Nach den Jahren, die sie mit ihm verbracht hatten, würden sie »in seinem Namen« ihre Ziele verwirklichen.

Wer hat mich zum Laufen gebracht? Wann ist der Funke auf mich übergesprungen? Wann habe ich mit eigenen Plänen begonnen? Welche Bitte habe ich heute im Herzen?

Bis jetzt habt ihr noch um nichts in meinem Namen gebeten.
Bittet und ihr werdet empfangen, damit eure Freude vollkommen ist.

JOHANNES 16,24

Beim Helfen scheiden sich die Geister

Was haben uns Gegner zu sagen?

Ruth Zenkert

Alles war für die Orchesterprobe vorbereitet, Stühle, Notenständer, und es war eingeheizt. Remus, der Dirigent, lief nervös auf und ab. Kein Musikschüler war erschienen. Florin ahnte, was geschehen war. Er schwang sich auf sein Fahrrad und raste zum Versammlungsraum der Baptisten am Ortsrand. Dort war es gesteckt voll. Auch Leute, die sonst arbeiten gingen, drängten hinein. Florin schob sich in die Menge, bis er unsere Kinder, die Musikschüler, erreichte. Mit dem Zeigefinger tippte er auf seine Armbanduhr und ermahnte sie, zur Probe zu kommen. Die Kinder rührten sich nicht, versuchten bloß, schneller zum Gemeindeleiter zu gelangen. Der verteilte gerade Geschenke an alle Dorfbewohner. Eine Hilfslieferung aus Amerika war angekommen, jede Familie erhielt eine Kiste mit bunt gemischten Kleiderspenden, dazu Reis und Milchpulver. Als gäbe es in Rumänien keine Lebensmittel. Die ersten Empfänger standen schon draußen und tauschten Waren, stritten, weil andere mehr bekommen hatten. Florin warb um die Kinder. Da begann eine Mutter zu schimpfen: »Was haben wir davon, wenn die Kinder zu euch kommen? Sie müssen ein Instrument lernen, sie sollen in die Schule gehen. Aber was kriegen sie dafür? Und wir – wenn man bei euch etwas will, muss man dafür arbeiten. Wofür sollen wir uns plagen? Hier bekommen wir alles geschenkt.« Florin gab auf. Er kam ohne Kinder zurück, saß verzweifelt allein mit Remus in der Musikschule und schimpfte über die »Bekehrten«, wie sie sich nennen. Später trudelten die Kinder ein, Kaugummi kauend und mit bunten Kreuzkettchen behängt. Sie machten ihre Musik wie üblich, nur Florin schlug seine Trommeln etwas lauter, um seine Wut abzureagieren. Aber – gibt es eine treffendere Beschreibung unserer Arbeit mit den Kindern und Jugendlichen als die dieser Mutter? Ist es nicht genau das, was wir erreichen wollen? Ich empfand es als Kompliment.

»Was ich geschrieben habe, habe ich geschrieben«, sagt Pilatus zu den Hohepriestern, als sie die Inschrift auf der Tafel am Kreuz korrigieren wollen: »Schreib nicht: Der König der Juden, sondern dass er gesagt hat: Ich bin der König der Juden.« Mit seinen Worten bekennt sich Pilatus, der römische Präfekt, endlich zu seiner Macht und nimmt die Verantwortung wahr, die er hat. Dahinter steckt aber mehr, denn unwillentlich ist er ein Werkzeug Gottes. Als solches proklamiert er in den damaligen Weltsprachen Griechisch, Hebräisch und Lateinisch: Dieser Gekreuzigte ist »der König der Juden«. Und die Aufgabe des Königs der Juden ist es, der Welt mehr Frieden zu bringen.

Gott verwendet Pilatus, einen Feind, Feigling oder Zyniker, jedenfalls einen ohne Idealismus, um der Welt einen Gekreuzigten als den Friedenskönig vorzustellen. Es lohnt sich also, auf Gegner zu hören. Die schimpfende Mutter bestärkte mich, mit den Kindern den Weg des Lernens und der Leistung weiterzugehen.

Pilatus antwortete:
Was ich geschrieben habe, habe ich geschrieben.

JOHANNES 19,22

Es ist ein Geschenk, einen Liebling zu haben

In schweren Stunden halten wir nicht viele Menschen aus. Wer stützt dich dann? Wen möchtest du in der Stunde des Todes in deiner Nähe haben?

Georg Sporschill

In diesen Tagen wäre Prälat Leopold Ungar hundert Jahre alt geworden. Gestorben ist er vor zwanzig Jahren, am frühen Morgen. Er wollte, dass ich in der Nacht bei ihm blieb. Es waren Stunden der Erschütterung, wie am Ölberg.

Am Nachmittag des Vortages hatte ihn noch Kardinal König besucht, sein Chef und Weggefährte. Der Prälat richtete sich auf, geistesgegenwärtig und gesprächsbereit. Dass die Caritas das Studentenheim in der Annagasse verkauft hatte, ärgerte ihn. Abends klopfte es an der Tür des Krankenzimmers. Sein Nachfolger, der Präsident der Caritas, wollte ihn besuchen. »Der Prälat kann nicht«, musste ich ihm ausrichten. Nur ich durfte bei ihm bleiben. Halbernst trug er mir noch auf, ich solle mich um seine Schwester Vilma, er nannte sie Medi, kümmern, denn sie könne nicht mit Geld umgehen. Bis zu ihrem Tod konnte ich sie mit diesem Auftrag ärgern. Sie war auch schon fast achtzig und hatte als Jüdin Flucht und Nazigefängnis hinter sich. Der Abend wurde für den Sterbenden mühsam. Hilflos fragte ich ihn, ob ich ihm aus dem Brevier das Nachtgebet vorlesen solle. »Für heute habe ich mich dispensiert«, ein Spaß mit letzten Kräften. Als es hell wurde, wollte der Prälat aufstehen. Er tastete zum Gitter an seinem Bett und befahl mir mit schwacher Stimme: »Nimm den Blödsinn weg.« Was sollte ich tun? Ich war allein mit ihm. Der Schwerkranke ließ sich helfen und schlüpfte in die ledernen Hausschuhe. Im Bad betrachtete er sich im Spiegel und schüttelte den Kopf, erschüttert darüber, wie der Tod ihn gezeichnet hatte. Ermattet sank er aufs Sterbebett. Dann kam seine Schwester, um mich abzulösen.

Wer ist bei Jesus in der Nachtstunde, als er das Letzte Abendmahl verlässt und hinausgeht zum Ölberg? Drei Personen treten aus dem Kreis seiner Schüler, in den er die unterschiedlichsten Persönlichkeiten aufgenommen hat, hervor. Der eine ist der Schüler, der ihn überliefern wird, Judas. Eine Verantwortung, die diesen völlig überfordert. Der zweite ist der eine Schüler, der »an der Seite Jesu« lag, es war der, »den Jesus liebte«, Johannes. Die dritte Person ist Simon Petrus, der Leiter der Gruppe.

Einer der Jünger aber wird für ihn in der schwersten Stunde am wichtigsten. Mit ihm verbindet ihn eine besondere Nähe, eine Liebe, die man nicht herstellen kann. Sie ist keineswegs selbstverständlich. Ein anderes Mal, als Jesus einen jungen Mann als Mitarbeiter gewinnen wollte, weil er ihn liebte (Markus 10,21), entschied dieser sich gegen ihn. Der begabte und reiche Jüngling ging traurig weg. Diese Liebe war Jesus nicht geschenkt. Zu seinem ganzen Kreis an Schülern und Mitstreitern hat er eine tiefe Beziehung. »Da er die Seinen liebte, die in der Welt waren, liebte er sie bis zur Vollendung.« (Johannes 13,1b) Trotzdem rückt in der Stunde der Erschütterung der Liebling in seine Nähe. Er trägt Jesus.

In schweren Stunden halten wir nicht viele Menschen aus. Wer stützt dich dann? Wen möchtest du in der Stunde des Todes in deiner Nähe haben?

Einer von den Jüngern lag an der Seite Jesu;
es war der, den Jesus liebte.

JOHANNES 13,23

Manchmal braucht es eine Mittelsperson

Wer hat Zugang zu Menschen? Wer kann Entscheidungen beeinflussen? Wir suchen Vertrauenspersonen.

Ruth Zenkert

Ich will bei euch mitarbeiten. Zu allem bin ich bereit, nichts wird mir zu schwer, ich möchte zu euch kommen, sofort.« Die vielen Anrufe und Nachrichten von Mihai ließen mich schließlich nachgeben. Er war eines der ersten Kinder, die wir in Bukarest von der Straße aufgenommen hatten. Acht Jahre war er damals gewesen; ich wurde für ihn wie eine Mutter, er ist mir nahe wie ein Sohn. Ich freute mich, dass er zu uns kommen wollte, stellte ihm aber eine Bedingung: Er müsse mit dem Rauchen aufhören. Er schaffte es, wenn auch nur kurz, und kam trotzdem.

Es war kalt und regnerisch, als ich Mihai am Busbahnhof erwartete. Viele stiegen aus, endlich auch Mihai, mit vielen Taschen, er hatte all sein Hab und Gut dabei. Er strahlte, endlich hatte er es geschafft. Auf der Fahrt in unser siebenbürgisches Roma-Dorf erzählte er von Bukarest, überbrachte Grüße und stellte tausend Fragen. Mihai übernahm bald kleine Aufgaben in Haus und Hof und gewann junge Freunde im Dorf. Er bekam bei uns eine gute Unterkunft, Essen und ein Taschengeld. Ich hatte hohe Erwartungen an meinen neuen Mitarbeiter. Viel zu hohe. Das viele Rauchen überforderte ihn gesundheitlich und finanziell. Endlos diskutierten wir, dass er aufhören solle – ohne Erfolg. Seine Arbeit erledigte er lustlos, er vergaß alles, wurde krank. Dann sollte er Holz für den Winter hacken. Am ersten Tag schon war die Axt stumpf, weil er immer auf den Stein geschlagen hatte, dann brach der Stiel ab, dann verschwand Mihai im Dorf. Den Rest des Tages verbrachte er bei verschiedenen Nachbarn, um zu fragen, wer ihm eine Axt leihen könne. Das Holz lag unberührt im Hof. Ich war wütend. Am Abend wollte er mit mir reden. »Es ist viel zu viel Arbeit.« Dann kam er auf den Punkt: »Ich muss heute meine Schulden beim Geschäft zurückzahlen. Das Taschengeld ist zu wenig. Mein Vorschlag ist, ich bekomme das Doppelte!« Ich war sprachlos. »Wieso hast du denn so hohe Ausgaben?« So kamen wir wieder aufs Rauchen. »Ich kann nicht aufhören, das ist mein letztes Wort. Ich brauche das Geld jetzt sofort, weil ich es der Verkäuferin für heute versprochen habe.« Ich hatte keine Ahnung mehr, wie ich mit ihm vernünftig reden konnte. War das das Ende unserer Freundschaft und Zusammenarbeit? Sollte er zurück nach Bukarest?

Dann kam ein Freund auf Besuch. Er spürte die Spannung und fragte mich, was los sei. Es gelinge mir nicht mehr, zu Mihai vorzudringen, gestand ich, ich sei am Ende meiner Weisheit. Da setzte sich der Freund zu Mihai, und sie hatten eine lange Aussprache. Er stellte ihn vor die Wahl: entweder sofort mit dem Rauchen aufhören oder zurück nach Bukarest, entweder mit allen Kräften mitarbeiten oder auf eigenen Füßen einen anderen Weg gehen.

Am Abend kam Mihai zu ihm ins Zimmer und gab ihm ohne Worte eine Zigarettenschachtel, mit einer einzigen Zigarette drin, die er nicht mehr rauchen wollte. Am nächsten Morgen um sechs Uhr hörte ich, dass Mihai Holz hackte. Er goss das Gemüse und fütterte die Hühner. Jetzt wusste ich, dass er es ernst meinte. Mein Freund hatte die Nuss geknackt.

Simon Petrus nickte ihm zu, er solle fragen, von wem Jesus spreche.

JOHANNES 13,24

Welche Beziehungen haben Gewicht?

Was verbindet mich mit Menschen?
Was macht eine Freundschaft aus?
Welche Beziehung gibt mir Kraft?

Georg Sporschill

Wenn sich Theresia und Alina früher in Wien auf der Kärntnerstraße begegnet wären, hätten sie einander nicht beachtet, geschweige denn gegrüßt. Die Österreicherin Theresia ist 62 Jahre alt, ehemalige Kunstlehrerin. Sie ist froh, dass sie in Pension ist. So hat sie endlich Zeit für sich, ihre Freunde und Hobbys. Und sie pflegt ihren todkranken Hund, der ihr viele Jahre lang ein treuer Begleiter war. Alina, 19 Jahre alt, kommt aus Norddeutschland, hat im letzten Jahr die Matura gemacht und sucht ihren Lebensweg. Sie ist etwas schüchtern, zieht aber gerne mit jungen Leuten in der Stadt herum. Derzeit macht sie ein Praktikumsjahr bei unserem Sozialprojekt in Rumänien. Vielleicht wird sie Afrikanologie studieren.

Jetzt sitzen die beiden zusammen in der Keramikwerkstatt in Ziegental. Theresia kommt alle zwei Monate und gibt Keramikkurse für die jungen Roma-Frauen im Dorf. Sie kreiert neue Modelle, die die Mädchen herstellen. Theresia zeigt Alina das Arbeiten mit der Töpferscheibe und wie sie das feine Bärtchen für die Keramikziege formen soll. Alina ist eine aufmerksame Schülerin und führt die Werkstatt weiter, bis Theresia wiederkommt. Gemeinsam überlegen sie, wie sie die Abschlussprüfung für die jungen Mädchen gestalten wollen. Theresia und Alina sind nicht nur Lehrerin und Schülerin, sie sind Freundinnen geworden.

Jesus gibt seinen Freunden »Herrlichkeit«, das hebräische Wort dafür ist *kabod*, das heißt übersetzt: Ehre, Gewicht.

Dieses Gewicht hat Gott, und es kommt auch den Eltern zu. »Ehre sei Gott« und »ehre Vater und Mutter«: Das fasst das Zehnwort zusammen. Dieses göttliche Gewicht hat Jesus vom Vater empfangen, und er gibt es an seine Schüler weiter. Wie Eltern sollen sie sich um andere sorgen und mit Gott Neues schaffen. Ganz konkret: Es ist der Auftrag, sich für Gerechtigkeit in der Welt einzusetzen, mit den eigenen Begabungen etwas zu tun für diejenigen, die nicht menschenwürdig leben können. In diesen göttlichen Auftrag nimmt Jesus seine Schüler hinein. Wer den sozialen Einsatz wagt, wird von seinen eigenen Stärken überrascht und von Beziehungen, die tiefer sind, als weltliche Interessen sie stiften können. Die Freundschaft bekommt göttliches Gewicht, das zu Großem fähig macht.

Das gemeinsame Ziel, den Roma-Familien zu helfen, hat Theresia und Alina zusammengeführt. Theresia hat in der Pension – statt der Pension! – eine wunderbare Keramikwerkstatt in einem verlassenen Dorf aufgebaut, das fünf jungen Roma-Mädchen einen Ausbildungs- und Arbeitsplatz gibt. Alina macht wertvolle Erfahrungen im Kunsthandwerk und in der Pädagogik, sie ist in ihrem sozialen Jahr selbstbewusst geworden. Es ist eine Freundschaft gewachsen, die sie verbindet, auch über den Einsatz in Ziegental hinaus. Wenn sie einander in Zukunft einmal auf der Kärntnerstraße begegnen, werden sie sich viel zu sagen haben.

Und ich habe ihnen die Herrlichkeit gegeben, die du mir gegeben hast,
damit sie eins seien, wie wir eins sind.

JOHANNES 17,22

Eine geheimnisvolle Kraft

Bei wem fühlst du dich angenommen?
Zu welchen Menschen zieht es dich hin?

Ruth Zenkert

Langsam kommt Rada um die Ecke. Als sie sieht, dass ich aus dem Fenster schaue, verwandelt sich ihr Schritt sofort in ein starkes Hinken. Tief gebückt, die rechte Hand an die Lende gedrückt, schleppt sie sich weiter und sinkt auf der Bank vor unserem Haus nieder. Stöhnend schildert sie die Qualen der Nacht, totales Organversagen – und das alles, weil unser Hund sie ein bisschen gezwickt hat. Statt der geforderten Fahrt ins Spital gibt sie sich mit einer Schmerztablette zufrieden und kriecht heimwärts.

Es ist ein ruhiger Samstag. Gegen Abend höre ich im Dorf feine Klänge, wunderschöne alte Roma-Lieder. Ich folge den einladenden Melodien und lande in unserer Musikschule. Obwohl heute kein Unterricht ist, ist der Vorplatz voll mit Kindern. Bänke und Tische sind aufgestellt. An der Ecke rauchen die Kohlen im Grill, der Duft von Fleischbällchen zieht in meine Nase. Florin eilt mit Wasserflaschen und Plastikbechern herum und bedient die durstigen Gäste. Simon verteilt das Essen. Unsere Musiklehrer, Ogi, Lütfi, Ali, hatten sich zu Mittag zusammengetan, um mit ihrer jungen Schatra, der Gruppe der besten Musikschüler, zu üben. Andere kamen mit, um zuzuhören, einige blieben stehen oder gingen, wie ich, der Musik nach. Weil gute Stimmung herrschte und alle Hunger hatten, holten die Lehrer etwas zu essen. Nun beginnen Kinder und Erwachsene zu tanzen. Ich schaue zu – und entdecke Rada unter den Tänzerinnen. Ich zeige mit der Hand auf die rechte Lende und hebe fragend die Augen: »Ist alles wieder in Ordnung?« Rada lacht und dreht sich, der Rock schwingt weit. Mit einer Handbewegung winkt sie mich zu sich. Wir tanzen gemeinsam. Wunden heilen manchmal schnell. Und Buli, der Hund, sitzt brav im Schatten und wartet auf ein weiteres Würstchen.

Ich lebe in der Welt der Roma. Werde ich sie je verstehen? Wie oft täusche ich mich. Not und Freude haben hier scharfe Konturen. Das Verstehen braucht unglaubliche Kräfte, auf beiden Seiten. Ogi, Lütfi und Ali haben solche Kräfte. Nicht nur weil sie wunderbar Klavier und Geige spielen, sondern weil sie Freunde geworden sind. Ihr Zusammenhalt hat sie selbst gestärkt. Die schwere Vergangenheit, Unterdrückung, Armut und Leben auf der Straße, sind wie weggewischt. Das Ringen um ihre Freundschaft hat sie selbst geheilt. Jetzt wissen sie, sie sind geliebt.

Vollendet in der Einheit sollen seine Schüler sein, das wünscht sich Jesus. Sein Werk ist gewachsen, weil sich seine Schüler geliebt wussten und untereinander eins waren. In vielen Konflikten haben sie an der Einheit gearbeitet und sich danach gesehnt. Wer um die Einheit kämpft, hat die gleiche Ausstrahlung wie der, dem sie geschenkt ist. Einheit und die Bemühung um sie ist ansteckend. Die Freundschaft zwischen den Musiklehrern schenkt unseren Kindern die Freude an der Musik, am Lernen, und strahlt ins ganze Dorf aus.

Ich in ihnen und du in mir.
So sollen sie vollendet sein in der Einheit,
damit die Welt erkennt, dass du mich gesandt hast
und sie ebenso geliebt hast, wie du mich geliebt hast.

JOHANNES 17,23

Beim Hahnenschrei bekommt der Feige eine Chance

Freundschaft und Feigheit sind unvereinbar.
Augenblicke, in denen mein Weg aufgedeckt wird.

Georg Sporschill

Es war noch dunkel im Hof, als drei Männer hereinkamen. Zwei in Uniform, begleitet vom Nachbarn. Er fragte, ob wir reden könnten, es sei eine delikate Angelegenheit. Wir gingen ins Haus. Da erkannte ich unter der Schirmkappe Iulian, der sonntags oft mit unseren Jugendlichen Fußball spielt. Die Polizisten setzten jetzt eine strenge Miene auf. Unser Nachbar eröffnete die Sitzung. Wir seien ja Freunde und es sei gut, was wir machten, aber die Leute im Dorf seien beunruhigt. Es habe sich herumgesprochen, meinte nun Iulian, dass unter den Mitarbeitern ehemalige Straßenkinder seien. Wer weiß, was sie auf dem Kerbholz hätten? Drogen, Prostitution, Diebstahl? Und ob es stimme, dass auch ein Mörder …? Es ist wahr, dass man, wenn man auf der Straße lebt, leicht mit der Polizei in Berührung kommt. Und es stimmt, dass Ionuz im Gefängnis war; er wurde wegen guter Führung bedingt entlassen. Als er letzte Woche bei den Behörden seinen Wohnsitz an unserer Adresse angab, verhafteten sie ihn auf der Stelle. Er hätte sich unmittelbar nach seiner Ankunft melden müssen. Jetzt waren alle in Aufruhr – in ihrem friedlichen Ort waren Schwerverbrecher! Die Polizisten, die uns gut kannten, verlangten schriftlich einen genauen Bericht über unsere Tätigkeit. Ebenso die Evidenz aller Mitarbeiter und Gäste und wer welches Auto fährt. Diese Informationen brauchten sie, um die Dorfbewohner zu beruhigen.

Am Abend feierten wir mit unseren Kindern die Messe. Die kleine Maria zündete für Ionuz eine Kerze an und betete, der Engel möge ihn beschützen, »wo immer er auch sei«. Das Wort »Gefängnis« wurde nicht ausgesprochen, aber alle wussten es.

Petrus war Jesus gefolgt, als dieser verhaftet wurde. Vom Garten Getsemani zog die Meute in der Nacht über das Kidrontal bis hinauf zum Haus des Kajaphas. Hier stellten drei verschiedene Personen die Freundschaft des Petrus auf die Probe. Die Pförtnerin fragte ihn, ob er zu Jesus gehöre, dann die Leute, die sich am Feuer im Hof wärmten, und schließlich der Verwandte des Malchus, dem Petrus das Ohr abgehauen hatte: »Habe ich dich nicht im Garten bei ihm gesehen?« Ein drittes Mal leugnete Petrus, Jesus zu kennen, und gleich darauf krähte ein Hahn.

Unsere Polizisten und Nachbarn sind in bester Gesellschaft. Immerhin vertraut Jesus die Leitung seines Werkes dem an, der ihn verleugnet hat. Petrus ging hinaus und weinte bitterlich, berichtet der Evangelist Matthäus. Ich frage mich, wann unserem Freund Iulian die Augen aufgehen. Vielleicht hört er die Kinder, die Ionuz nachweinen, weil sie jetzt niemanden mehr haben, der mit ihnen singt, der ihre Stimmen für den Chor stark macht, der ihnen Selbstbewusstsein gibt und sie spüren lässt, wie schön sie sind. Immerhin, in der kleinen Maria hat Ionuz eine Freundin, die ihm die Treue hält. Es braucht den Hahnenschrei, der uns aus der Ängstlichkeit rettet. Der uns in die Freundschaft zurückführt und sie vertieft. Hörst du den Hahn krähen?

Wie viele Freunde hast du, wenn du in Schwierigkeiten bist?

Wieder leugnete Petrus und gleich darauf krähte ein Hahn.

JOHANNES 18,27

Du hörst deinen Namen

Der Name bringt eine Beziehung zum Klingen.
Du sprichst jemanden mit Namen an.
Was sagst du ihm damit?

Ruth Zenkert

Geh zum Teufel! Alle meine Toten sollen dich verfolgen!« Diese und weitere Flüche hörte ich Moise ausrufen. Wir waren gemeinsam unterwegs. Eine kleine Wanderung war geplant gewesen, aber wir gingen doch weiter als erwartet, und das war ihm zu viel geworden. Ich marschierte voraus, um die Beschimpfungen nicht mehr hören zu müssen. So kamen wir dann alle am Ziel an, Moise mit einer Stunde Verspätung. Nachdem wir uns erfrischt hatten, gab es ein gutes Essen und ein kühles Bier. Am Abend hatte Moise sich erholt und wieder beruhigt. Glücklich saß er am Tisch und ließ den Tag noch einmal vorüberstreifen, alle schönen Begegnungen, Aussichten, Erlebnisse. »Und was machen wir morgen, liebe Argentina?«, fragte er mich. Argentina – das ist der Name seiner verstorbenen Mutter, die er über alles liebte.

Was bedeutet es, einen Namen auszusprechen? In einen Namen ist eine ganze Lebensgeschichte eingeflossen. Im Namen verdichtet sich, was jetzt zwischen mir und dem anderen da ist und wirkt. Jesus geht auf Maria zu und spricht sie mit ihrem Namen an. Maria! Sie hört darin alles, was sie mit Jesus erlebt und von ihm empfangen hat. Seine Einfühlsamkeit, das Verständnis, das er für ihre Leiden hatte, die Heilung, die gemeinsamen Wege und viele schöne Erlebnisse. In diese Geborgenheit führt Jesus die suchende Frau zurück. Und Maria von Magdala antwortet auf diese Geschichte, die er in ihrem Namen ausgelöst hat, mit dem, was er für sie ist. Rabbuni, sagt sie auf Hebräisch, in ihrer gemeinsamen Sprache. Du bist mein Meister. Mit dir darf ich lernen, du führst mich, du vertraust mir Aufgaben an und gibst die Kraft dazu. Bei dir bin ich geborgen, du wirst mich auffangen, wenn ich Fehler mache, du zeigst mir den nächsten Schritt. All diese Zuversicht löst die Weise aus, mit der Jesus auf die Frau zugegangen ist, indem er sie mit ihrem Namen angesprochen hat.

Miriam – Maria – war zur Zeit Jesu und ist auch heute noch in Israel ein beliebter Mädchenname. Er erinnert an Miriam, die Schwester von Mose, die ihn als Baby aus dem Nil gezogen und der Tochter des Pharaos anvertraut hat. Sie organisierte sogar, dass ihre Mutter als Amme engagiert wurde. Miriam begleitete ihren Bruder auch in schwierigen Aufgaben. Als er das Volk durch die Wüste führte, zeigte sie ihm die Wasserquellen. Sie war treu und doch nicht unkritisch. So war sie zum Beispiel mit seinen Frauenbeziehungen nicht einverstanden. Dem großen Namen Miriam wurden die Mutter Jesu und die andere tapfere Frau, die unter dem Kreuz stand, gerecht. Auch die Schwester des Lazarus, mit der Jesus besonders befreundet war, hieß so.

Maria, in diesen großen Horizont stellt Jesus die Frau am Grab, die aus Magdala gekommen war. Argentina, mit dem Namen der geliebten Mutter verzieh mir Moise, dass ich ihn überfordert hatte.

Du hörst einen Namen. Der Name bringt eine Beziehung zum Klingen. Du spürst, wer du bist und wer der andere für dich ist. Du sprichst jemanden mit Namen an. Was sagst du ihm damit?

Jesus sagte zu ihr: Maria! Da wandte sie sich um
und sagte auf Hebräisch zu ihm: Rabbuni!,
das heißt: Meister.

JOHANNES 20,16

Geht nicht – gibt's nicht

Wer bringt Spannung in eine Gruppe?
Wer sind die Aufständischen? In die Beziehung mit ihnen spricht Jesus den Friedensgruß.

Georg Sporschill

Wieder einmal war die monatliche Sitzung mit unseren Erziehern eskaliert. Die Meinungen gingen auseinander, wie Jugendliche, die auf der Straße aufgewachsen waren, wohn- und arbeitsfähig werden könnten. Die meisten glaubten, dass es zu schwer für die labilen Jugendlichen sei, in die Gesellschaft hineinzuwachsen. Sie sollten in einem Heim für Obdachlose Unterschlupf finden und könnten sich mit Gelegenheitsarbeiten über Wasser halten. Mehr könne man ihnen nicht zumuten. Claudiu allerdings war überzeugt, dass seine Schützlinge es schaffen würden, wenn sie nur alleine wohnen könnten. Er ließ sich nicht überstimmen, sondern argumentierte immer leidenschaftlicher, bis er sagte: »Wenn ihr mir eine Wohnung gebt, ziehe ich mit fünf Kandidaten ein. Ihr werdet sehen, dass sie alle arbeiten werden. Gebt mir die Chance, dass ich es ausprobiere.« Claudiu bekam die Wohnung, lebte selbst mitten unter den Jugendlichen – und nach turbulenten Anfängen kamen einige aus dem Teufelskreis heraus. Sie begannen zu arbeiten und suchten sich bald schon eine eigene Unterkunft. Andere brauchten mehrere Anläufe. Einen musste er auf die Straße setzen, weil er zu nichts zu bewegen war. Heute sind die betreuten Jugendwohngemeinschaften für uns der wichtigste Schritt, um die Heranwachsenden auf den Weg zur Selbstständigkeit zu bringen.

Claudiu ist ein Typ wie Thomas im Evangelium, dem Unglaube nachgesagt wurde, weil er der Erzählung von der

Auferstehung nicht sofort Glauben schenkte. Oft kommt Claudiu nicht zu Besprechungen, weil er auf der Straße seinen Schützlingen nachgeht. Ist er dann doch einmal bei einer Sitzung dabei, stiftet er Unruhe. Kaum hat man zu einer gemeinsamen Meinung gefunden, ist er dagegen. Manchen Fall, der für uns abgeschlossen war, hat er wieder aufgerollt. Doch schwierigste Kinder, mit denen wir nicht weiterkamen, gaben ihm recht. Sie wurden seine Freunde, und manche überraschten uns. Carmen, die mit 16 ihr Kind auf der Straße herumschleppte, betreute die neue Wohngemeinschaft. Sie wurde seine wichtigste Mitarbeiterin. Ich mochte den Unruhestifter in unserem Team nicht mehr missen. Oft und oft durchbrach er unsere Phantasielosigkeit, wenn die Tore zu einer Lösung verschlossen schienen. An das, worüber sich alle so sicher waren, konnte er nicht glauben. Doch wie oft freuten wir uns mit ihm über verlorene Kinder, die uns überraschten – dank seines Widerstandes. Niemand schweißte unsere Gruppe mehr zusammen als der »ungläubige Claudiu«. Wie Thomas im Evangelium bewies er uns den stärkeren Glauben: einen kritischen Glauben.

In jeder Gemeinschaft gibt es die Kritischen. Sie flüchten sich nicht in Phrasen. In der Bedrohung wollen sie mehr wissen. »Geht nicht – gibt's nicht«, wie es ein Manager formulierte. Wer bringt Spannung in eine Gruppe? Wer sind die Aufständischen? In die Beziehung mit ihnen spricht Jesus den Friedensgruß.

Acht Tage darauf waren seine Jünger wieder drinnen versammelt und Thomas war dabei. Da kam Jesus bei verschlossenen Türen, trat in ihre Mitte und sagte: Friede sei mit euch!

JOHANNES 20,26

Das eine Brot, eine geistliche Beziehung

Wo hast du Gemeinschaft in der Tiefe erlebt?
Still und staunend?

Ruth Zenkert

Rudolf denkt an Amir. Ob er in Paris eine Arbeit finden wird? Ob er es schaffen wird, eine Aufenthaltsgenehmigung zu bekommen? Seine Gedanken kreisen um den jungen Syrer, der für ihn ein Freund geworden ist und ihn nicht mehr loslässt. Eine Nacht lang erzählte Amir, der bei Rudolf in Vorarlberg aufgetaucht war, seine Geschichte. Wie Amirs Familie in Frieden lebte, wie der Krieg hereinbrach und er Eltern und Haus verlor, wie er flüchtete und jetzt nur den einen Wunsch habe, arbeiten und leben zu können. Rudolf ist Pfarrer und hat sein Leben für seine Gemeinde hingegeben. Er war erfolgreich und beliebt, hat Jugendgruppen aufgebaut. Er hat viele Menschen begleitet, Schicksale mitgetragen. In der Pension wurde es still um ihn, fast einsam. Nun stand Amir vor ihm, eine kleine Überforderung. Rudolf fand einen Betrieb, wo Amir die Tischlerausbildung machen konnte. Der Junge strengte sich an, lernte Deutsch und schaffte den Abschluss. Er begann, Pläne für seine Zukunft zu schmieden. Dann brachte die Post den befürchteten Brief von der Fremdenpolizei. Der Asylantrag war abgelehnt worden, Amir musste innerhalb von dreißig Tagen das Land verlassen. Rudolf kämpfte um Amir, er knüpfte an alte Beziehungen an, um einzugreifen. Amir hatte alle Bedingungen erfüllt, um in Österreich aufgenommen zu werden. Er musste eine Chance bekommen, seine Zukunft anpacken können. Doch alle Antworten waren negativ. Rudolf suchte einen Weg, einen legalen gab es nicht mehr. Er riskierte viel, als er den Jungen nach Frankreich schleuste. Er fand Freunde aus seinen Jugendtagen, die Amir aufnahmen. Dort lebt er jetzt und versucht es aufs Neue. Sein Französisch-Wörterbuch hat Rudolf seinem jungen Freund mitgegeben. Ja, Amir ist nicht nur ein Schützling, er ist ein Freund geworden. Einer, der in seinem erfolgreichen Leben so viele Menschen um sich hatte, hat das schönste Geschenk der spannenden Beziehung bekommen, einen »Sohn«.

Der alte Pfarrer begegnet Jesus auf neue Weise, ähnlich wie die Schüler Jesu ihn nach der Auferstehung erlebt haben. »Als sie an Land gingen, sahen sie am Boden ein Kohlenfeuer und darauf Fisch und Brot liegen.« Es sind nicht mehr die vielen Fische und die zahllosen Brote, die der irdische Jesus der Menge gereicht hat, sondern ein Fisch und ein Brot. Bemerkenswert, dass sie den Fisch nicht selber gefangen haben, sondern ihn zu ihrer Überraschung auf dem Kohlenfeuer finden. Er ist ihnen geschenkt. Keine Öffentlichkeit, sondern eine zutiefst persönliche Nähe gibt der Auferstandene seinen Schülern. Von jetzt an sind sie mit Jesus nicht durch äußere Taten, sondern innerlich verbunden. Es ist eine geistliche Beziehung geworden. In »Geist und Wahrheit« ist und bleibt er bei ihnen und sendet sie aus. Eine neue Art der Gemeinschaft, wie sie der Pfarrer im Flüchtling gefunden hat.

Wo hast du Gemeinschaft in der Tiefe erlebt? Still und staunend.

Als sie an Land gingen, sahen sie am Boden
ein Kohlenfeuer und darauf Fisch und Brot liegen.

JOHANNES 21,9

Der neue Tag beginnt im Abendlicht

Welches Licht nehme ich in die Nacht mit?
Mit welchen Gedanken schlafe ich ein?

Ruth Zenkert

Gabi war ein Star. Sie hatte in unserer Musikschule Saxophon gelernt und ragte bald unter den Schülern heraus. Wie rasch ihre Finger über die Klappen glitten, wie schnell sie die schwierigen Roma-Melodien auswendig spielen konnte! Sie brachte alle zum Staunen. In der besten Gruppe, der Schatra Elijah, spielte sie und durfte oft mit nach Österreich fahren. Einmal hörte sie ein Musiker, der Kontakt zu Keith Jarrett hat. Er meinte, sie habe das Zeug, einmal mit den besten Jazzmusikern zu spielen, und notierte sich ihren Namen.

Im Sommer schrieben sich alle Musikschüler für das neue Schuljahr ein. Gabi war verschwunden. Am nächsten Tag erschien sie missmutig und knallte den Saxophonkoffer auf den Tisch. »Ich komme nicht mehr.« – Wie bitte?! »Ist das dein Dank für fünf Jahre Unterricht? Siehst du nicht die Chancen, die du in unserer Schule hast?« Ich war erschüttert. Aber dann dachte ich an die schönen Zeiten, in denen wir gemeinsam musiziert, gelernt, Konzerte gegeben hatten. Als sie uns mit ihrer Begabung beschenkt hatte. Wie sie andere mitzog, auch ihre schwierige Schwester. An den Tag, als die Mutter sie in Eile zu uns brachte. »Mein Mann und ich fahren heute nach Deutschland zur Erdbeerernte, wir brauchen Geld. Kann Gabi bei euch bleiben?« Und wie dann das kleine Mädchen mit uns den Sommer verbrachte, als gehöre sie schon immer zu uns. So wuchsen wir zu einer Familie zusammen. Und jetzt kündigte sie mir die Freundschaft! Keine gemeinsamen Abenteuer in der Musik mehr? Sie stürzte mich in eine dunkle Stimmung. Nur die Erinnerungen an die hellen Zeiten halfen mir, ihr in Liebe zu begegnen.

Ich fragte, welche Pläne sie habe. Sie werde jetzt in das Musikgymnasium gehen, in der Stadt, aber in unser Dorf komme sie nicht mehr. Nicht zu Proben, auch nicht zu Konzertreisen nach Österreich. Ich nahm ihre Entscheidung an. Und hoffe auf den Tag, an dem sie wieder mit uns musizieren will. Als Studentin, die unsere Jungen unterrichten wird. Vielleicht als berühmte Saxophonistin, die mit Keith Jarrett ein Benefizkonzert gibt.

Licht und Finsternis habe ich mit dem begabten Mädchen erlebt. Beide gehören zum Tag, wie ihn Gott geschaffen hat, dem »einen Tag«, wie es im Hebräischen heißt. Es ist also der Tag des Einen, gleichsam ein Modell. Bemerkenswert ist, dass Gott zuerst das Licht nennt und dass der Tag beginnt, noch bevor es dunkel wird. Denn das Licht brauchen wir für die kommende Nacht; so erklären die Rabbiner, warum der neue Tag nicht um Mitternacht und nicht mit dem Morgen, sondern schon am Vorabend beginnt. Es ist, als würde das Tageslicht unsere Solarzellen aufladen, die uns durch die Nacht leuchten. Der Dank, der mich an das Gute erinnerte, ließ mich den Abschied von Gabi verkraften.

Welches Licht nehme ich in die Nacht mit? Mit welchen Gedanken schlafe ich ein?

Und Gott nannte das Licht Tag und die Finsternis nannte er Nacht. Und es wurde Abend und es wurde Morgen: erster Tag.

GENESIS 1,5

Eine rettende Idee

Wer gibt mir die Kraft, mich aus meinen Fesseln zu lösen?
Wer rettet mich?

Ruth Zenkert

Wenn Straßenkinder sich etwas aneignen, was ihnen nicht gehört, nennen sie es »sich komplettieren«. Marcel hat sich schon oft komplettiert und ist als Dieb verrufen. Mit fünf Jahren wurde er in einem Park gefunden und zu uns gebracht. Er ist mir vom ersten Augenblick an sehr ans Herz gewachsen. Um ihn habe ich mich besonders gekümmert, auch weil er immer schwierig war. Inzwischen ist er ein junger Mann und hat die Ausbildung zum Kfz-Mechaniker abgeschlossen. An einem Sonntagnachmittag war ich kurz im Büro im Sozialzentrum, da schaute er herein, plauderte mit mir und ging wieder seiner Wege. Kurz darauf stellte ich fest, dass mein Handy verschwunden war. Ich wollte es nicht glauben, aber es war klar: Marcel hatte sich wieder einmal komplettiert! Sofort suchte ich ihn – er war nirgends zu finden. Auch am Abend kam er nicht zurück. Wir gingen zum Bahnhof. Dort saß er unter den Straßenkindern, betäubt vom »Aurolac«, dem Autolack, den sie schnüffeln. Marcel wollte nicht mit uns reden, doch es gelang uns, ihn nach Hause zu schleppen. Die Jugendlichen erwarteten uns schon und beschimpften ihn. Marcel packte seine Sachen und wollte wieder gehen. Da kam Nicu zu mir: »Bitte lass ihn da. Ich brauche ihn für unsere Musikgruppe Jamoja. Keiner kann die Rhythmen so schlagen wie er. Wir haben nächste Woche einen Auftritt, ohne Marcel geht es nicht.« Marcel blieb, fassungslos, dass er nicht gehen musste. Am nächsten Tag brachte er mir scheu das verkratzte Telefon, irgendwie war es ihm gelungen, es wieder zurückzuerobern. Wird er je so viel Anerkennung bekommen, dass er nicht mehr stehlen muss?

Gott hat sich das Ziel gesetzt, den Menschen zu retten. Er hat Jesus den Auftrag gegeben, die Welt nicht zu richten, sondern sie zu retten. In den letzten Stunden vor dem Abendmahl gibt Jesus dieses Ziel an seine Schüler weiter: Sie sollen hinschauen, eine Situation einschätzen, Menschen beurteilen in ihren Stärken und Schwächen, aber nicht beim Urteil stehenbleiben. Die Fehler zu verurteilen, das drückt und verhaftet den Betroffenen noch mehr in seinen Problemen, auch in seiner Bosheit. Auf den ersten folgt unmittelbar der zweite Schritt, »die Welt retten«: Es gilt, in dem Menschen, der unter seinen Schwächen und Taten leidet, eine Kraft zu wecken, die ihn befreien kann. Und ihn fragen zu lassen: Wer macht mich so stark, dass ich einen begangenen Fehler ummünzen kann in einen Lernschritt zu mehr Menschlichkeit, Verständnis, innerer Stärke?

Wir wissen, dass Marcel kleptomanisch ist und sich immer »komplettieren« muss. Die Frage ist: Kann er davon befreit werden? Ich erreiche nichts, wenn ich einen Menschen direkt mit seinen Schwächen konfrontiere. Es hat nur einen Sinn, wenn ich ihm die Kraft zur Befreiung davon vermitteln kann und eine Idee zu seiner Rettung habe.

Ich brauche kein Urteil über meine Schwächen. Ich kenne sie zur Genüge, ja, ich leide darunter. Wer aber gibt mir die Kraft, mich aus meinen Fesseln zu lösen? Wer rettet mich?

Wer meine Worte nur hört und sie nicht befolgt,
den richte nicht ich; denn ich bin nicht gekommen,
um die Welt zu richten, sondern um die Welt zu retten.

JOHANNES 12,47

Ein Waisenkind lädt zum Tanz

Wo ist die Verletzung in deinem Leben,
der du später Einfühlsamkeit verdankst und die Kraft,
Gemeinschaft zu stiften?

Ruth Zenkert

Die Einweihung unserer Musikschule in Hosman stand vor der Tür. Am Vorabend hatten wir das schöne Gebäude mit der Holzgalerie geputzt, den Platz gefegt, Bäumchen gesetzt. Jetzt war alles vorbereitet, und ich konnte zufrieden die Checkliste in den Papierkorb werfen. Nur eine Kleinigkeit sollte ich noch erledigen: Kinder würden die Gäste mit Brot und Salz erwarten, als Symbol dafür, dass wir ihnen von dem geben wollten, was wir hatten – genug zu essen und die Würze, die Freude des Lebens. Babanuza und ihre Freundin Beatrice sollten das tun, in ihrer traditionellen Roma-Aufmachung: Zöpfe mit bunten Bändern und rote Röcke. Aber da biss ich auf Granit. Babanuza wollte einfach nicht. Doch wer sonst sollte den Dienst übernehmen? Im Dorf ist sie die Anführerin der Mädchen, sie bildet die Verbindung zu vielen Familien, sie nimmt die neuen Volontäre an die Hand und zeigt ihnen die Welt der Roma. Sie wollte ihren roten Rock nicht anziehen, lieber die Jeans und das rosa T-Shirt mit der glitzernden Aufschrift »Love«. Sie schämte sich in der Roma-Kleidung, wollte modern sein. Schließlich kam sie doch in der malerischen Tracht und überreichte den Gästen die Gaben, dann aber legte sie immer wieder die Hand vors Gesicht oder wendete sich ab, bis sie endlich flüchten und sich umziehen konnte.

Babanuza ist elf Jahre alt. Als ich sie bei unserem Kennenlernen fragte, wo ihre Eltern seien, meinte sie nur schroff: »Die interessieren mich nicht.« Dann erzählte sie, dass Vater und Mutter sich kurz nach ihrer Geburt getrennt hatten und weggezogen waren. Die Kleine blieb bei der Großmutter, aber auch die ist inzwischen im Ausland und hat das Mädchen einem Onkel anvertraut. Sie geht hin und wieder in die Schule und ist ständig im Dorf unterwegs. Als wir nach Hosman kamen, war sie es, die als Erste neugierig in unseren Hof schaute und wissen wollte, was wir vorhatten. Heute lernt sie Geige, spielt Trommel, beteiligt sich in der Tanzgruppe. Sie ist unser Kind geworden und zieht viele mit.

Bei der Einweihung war unter den vielen Erwachsenen auch ein siebenjähriges Mädchen aus Österreich. Livia beobachtete still das bunte Treiben, blieb aber sicherheitshalber in der Nähe der Mama. Sie verstand ja auch kein Wort. Ihre Augen folgten den vielen fröhlichen Kindern, die tanzten und herumrannten. Da sah Babanuza das blonde Mädchen sitzen und zog es mit zum Tanz – damit war der Bann gebrochen. Als am nächsten Tag der Abschied nahte, wollte Livia nicht gehen, ohne ihre neue Freundin zu besuchen. Und Babanuza, die Waise, ging zum Bett, nahm ihren Teddybären und schenkte ihn dem kleinen Mädchen aus dem reichen Österreich.

In Babanuza hat sich das Versprechen Jesu erfüllt: Ich werde euch nicht als Waisen zurücklassen, ich komme zu euch. Das Mädchen ist von seinen Eltern verlassen worden. Wo ist in deinem Leben die Verletzung, der du später Einfühlsamkeit verdankst und die Kraft, Gemeinschaft zu stiften?

Ich werde euch nicht als Waisen zurücklassen,
ich komme zu euch.

JOHANNES 14,18

Vom Umgang mit Katastrophen

Wer ist schuld und wer ist verantwortlich? Eine Unterscheidung.

Ruth Zenkert

Julian stürmte in die Sitzung: »Florin ist schuld! Er hat die Kinder rausgelassen!« Er war so aufgeregt, dass er nichts Weiteres erklären konnte. Von draußen hörte ich Florin: »Das war Cristina!« Andere kamen dazu und riefen durcheinander. Langsam hörte ich heraus, was passiert war: Nach dem Mittagessen waren Paula und Ionela in der Musikschule gewesen. Da tauchte ihre große Schwester Cristina auf und fragte, ob die Kleinen herauskommen könnten. Nein, sie hätten Musikunterricht, danach gerne, antwortete Florin. Da Cristina insistierte, »nur eine Minute«, gab er nach und holte die beiden aus der Stunde. Er sah, wie die Mädchen sich begrüßten. Da fuhr ein altes Auto vor, Cristina schob die beiden auf die Rückbank, und das Auto fuhr davon. Gekidnappt! Wenige Minuten später war Anca, die Mutter, da, sie hatte offensichtlich alles beobachtet und geduldet. Dann verschwand sie wieder.

Sofort kam mir in den Sinn, dass Anca die Entführung eingefädelt habe. Sie wollte nicht, dass die Kinder in die Schule gingen und in eine andere Welt hineinwuchsen. Oder hatte die lethargische Frau die Kinder verkauft, weil sie Geld brauchte? Ich ging zu ihr. Umringt von den drei Kleinsten, schwanger mit dem nächsten, lag sie hustend auf der Bank, aus dem Ofen qualmte es heraus. Ich stellte ihr tausend Fragen, bekam aber keine richtige Antwort. Es sei besser für die Kinder, wenn sie bei Cristina seien, murmelte Anca. Später stellte sich heraus, dass Cristina die Kinder auf den Berg mitgenommen hatte – vermutlich, um bei den Schafen mitzuhelfen. Verzweifelt verließ ich die trostlose Hütte. Warum hatte die Mutter das zugelassen? Warum hatte ich ihr nicht mehr Rückhalt gegeben? Warum hatte sie so wenig Vertrauen zu mir, dass sie in ihrer Not nicht zu uns gekommen war und um Hilfe gebeten hatte? Wer war jetzt schuld, dass die Mädchen verschwunden waren?

Statt einen Schuldigen zu suchen, wäre es besser zu fragen, wer für das Verschwinden der Mädchen verantwortlich war. Frage ich nach der Verantwortung, dann stoße ich nicht auf einen Einzelnen, sondern auf ein ganzes Netz. Genauso war es, als Jesus festgenommen wurde. Das Evangelium berichtet differenziert: »Die Soldaten, der Hauptmann und die Gerichtsdiener der Juden nahmen Jesus fest«. Ein politisches System legte Jesus in Fesseln, staatliche und religiöse Obrigkeit arbeiteten zusammen. Machtträger waren Pilatus, der römische Statthalter, seine Kommandeure und Soldaten, beteiligt waren aber auch Mitglieder der jüdischen Tempelpolizei. Das Evangelium beschreibt die vielfältige Verantwortung der Juden genauso wie die der Nichtjuden. Trotzdem wurden die Juden in der christlichen Religionsgeschichte über viele Jahrhunderte als »Gottesmörder« gebrandmarkt.

Die Frage nach der Schuld produziert Opfer. Die Frage nach der Verantwortlichkeit zeigt, wer aus der Situation lernen kann. Verantwortung öffnet den Blick auf das Neue, das aus der Katastrophe entsteht.

Viele waren an der Entführung beteiligt. An ihrer Veränderung müssen wir arbeiten, um die Kinder zu retten.

Die Soldaten, der Hauptmann und die Gerichtsdiener der Juden nahmen Jesus fest.

JOHANNES 18,12

In der Katastrophe zeigen Menschen ihr wahres Gesicht

Wie reagieren die Menschen, wenn sich das Netz zusammenzieht? Drei Möglichkeiten.

Georg Sporschill

Die Geldtasche ist weg!« schrie Bertram, knallte seine schmutzigen Stiefel vors Haus und schlug seine Zimmertür zu. Von draußen hörte man, wie er allein weitertobte. »Ich hab's gewusst, und alle haben es mir zu Hause gesagt: Den Zigeunern kann man nicht trauen, sie stehlen dir noch das Hemd vom Leib. Andrea! Und umarmt hat sie mich, das Luder.« Bertram war zwei Wochen bei uns und half, ein Haus zu renovieren. Die kleine Andrea war jeden Tag am Tatort. Sie half mit und eroberte die Herzen der Bautruppe. Sie war die Diebin? Oft hatte Bertram für sie ein Scheinchen aus seiner Geldtasche herausgeholt. Nur sie wusste, wo er das Geld versteckt hatte. Alle waren geschockt, wie konnte Andrea selbst ihren großen Freund bestehlen! Der Nachbar gab noch eins drauf: »Ich sag' euch schon immer, dass ihr verrückt seid, den Zigeunern zu helfen.« Auch die anderen Kinder wendeten sich von der Diebin ab. Bertram bestand darauf, dass die Polizei gerufen wurde. Das halbe Dorf lief zusammen. Zwei Uniformierte stellten die Hütte, in der Andrea mit ihrer Familie lebte, vor den Augen aller auf den Kopf. Sie fanden nichts. Mutter und Vater wagten sich einige Tage nicht aus dem Hof, sie schämten sich für ihr Kind. Andrea war nicht mehr im Dorf zu sehen. Die einfältige Victoria hatte sie mit zur Schafherde genommen: »Ich brauche dich, weil wir jetzt so viele Junge haben.«

Bertram fuhr nach Hause. Ein Nachbar von ihm berichtete uns später, die Geldtasche sei aufgetaucht. Bertram hatte sie selbst in seinen Koffer gegeben und erst zu Hause wieder gefunden.

Die Szene vor Andreas Hütte vergleiche ich mit dem, was im Hof des hohepriesterlichen Palastes geschah, als Jesus verurteilt wurde. Die Mächtigen wollten seine Bewegung zerschlagen. Drei aus dem Schülerkreis folgten Jesus in die Gefahrenzone: Simon Petrus, der Anführer der Gruppe. Ein anderer Schüler, vermutlich Johannes, der Jesus treu begleitete. Und da war auch Judas, der die Häscher anführte, in der Überzeugung, dass der Messias endlich seine Macht zeigen werde. Die drei Schüler stehen für die Lager, die sich bilden, wenn es für einen Freund eng wird. Ausgerechnet die Führungsgestalt ist feig und verleugnet den Freund. Ein anderer zeigt sich als mutiger Begleiter, wie die Frauen, die Jesus bis unters Kreuz folgen. Im Hof ist selbstverständlich auch der Außenseiter, der Jesus den Heiden ausliefert. Das Evangelium erwähnt Judas im Palasthof nicht, obwohl er die entscheidende Figur ist.

In der menschlichen Schwäche, in der liebevollen Begleitung und in der Verrücktheit sind sie alle am Werk der Erlösung beteiligt. Jesus hat sie dafür in seinen engsten Schülerkreis aufgenommen.

In der Katastrophe zeigen Menschen ihr wahres Gesicht. Andreas Eltern waren zu schwach, um ihr unschuldiges Kind zu verteidigen. Victoria, das Hirtenmädchen, überließ die ausgestoßene Freundin nicht der Meute – genau wie jene, die auf die Seite der Roma treten, wenn ihnen himmelschreiendes Unrecht widerfährt.

Simon Petrus und ein anderer Jünger folgten Jesus.
Dieser Jünger war mit dem Hohepriester bekannt
und ging mit Jesus in den Hof des Hohepriesters.

JOHANNES 18,15

Machtlosigkeit ist ein Zustand, in dem sich Größe zeigt

Wie reagiere ich auf Schläge? Unterwürfig oder aggressiv, oder finde ich eine entwaffnende Idee?

Georg Sporschill

Nach dem Mittagessen gehen Jesuitenpatres zur Rekreation in die Aula, in der Zeitschriften aufliegen. Manche lesen Zeitung. Das Zusammensein beim Kaffee soll aber der Gemeinschaft dienen. So ist es in den Jesuitenhäusern weltweit üblich. In einem Wiener Haus, in dem vor allem alte Patres lebten, hatte sich eine Gruppe gebildet, die während der Rekreation im Nebenraum Domino spielte. Vier Leute brauchte es, und es war nicht leicht, genügend rüstige Kräfte zusammenzubringen, damit ein Spiel zustande kam. Der alte Pater Felix war wegen seiner Sehschwäche kein Kandidat mehr. Daher störte ihn das Spiel, genauso wie das Zeitunglesen. Er wollte sich mit den Mitbrüdern austauschen. Pater Felix, immer in der schwarzen Soutane, saß auf seinem Fauteuil in der Ecke. Er war eine Autorität, etwas unnahbar. Er ließ sich von allen siezen, wie es in früheren Zeiten bei den Jesuiten Regel war.

Eines Mittags rief er ins Nebenzimmer: »Na, seid ihr heute beschlussfähig?« Die spitze Bemerkung ärgerte Pater Maribu, einen der vier Dominospieler. Er war einer der wenigen im Haus, die noch mitten in der Arbeit standen. Mit seinen fünfzig Jahren gehörte er zu den Jüngsten im Haus und hatte eine große Aufgabe für die Weltmission. Er war wichtig und duldete es nicht, von einem pensionierten Pater »gepflanzt« zu werden. Er herrschte ihn an: »Alter Mann, bereite dich auf deinen Tod vor!« Pater Felix hob ganz langsam seinen Kopf und schaute von oben herab durch seine dicke Brille auf

Pater Maribu. Ruhig hielt er ihm entgegen: »Seit wann sind wir per Du?«

Der kräftige Pater hatte dem Greis einen harten Schlag versetzt. Darüber waren alle erschrocken – und umso mehr erstaunt, wie souverän der alte Pater ihn zum Schweigen gebracht hatte. Ein ähnliches Kräfteverhältnis stellte Jesus im Hof des hohepriesterlichen Palastes her. Er stand in Fesseln vor Hannas, der ihn verhörte. Einer der Knechte schlug Jesus ins Gesicht. Selbst ein gedemütigter Sklave, entlud er seine Aggressionen auf den Schwächeren. Und viele schauten zu. Jesus, der Geschlagene, reagierte anders. Souverän entgegnete er: »Wenn es nicht recht war, was ich gesagt habe, dann weise es nach; wenn es aber recht war, warum schlägst du mich?« In der Erniedrigung zeigte er seine menschliche Größe. Er ist der König in der Nachfolge Davids. Als dieser von seinem eigenen Sohn vom Thron gestoßen und verjagt wurde, verspottete ihn Schimi aus dem entmachteten Haus des Saul. Er warf Steine und verfluchte den flüchtenden König. David verbot seinen Begleitern, zurückzuschlagen. Er vertraute darauf, dass sich das Recht durchsetzen werde: »Vielleicht sieht der Herr mein Elend an und erweist mir Gutes für den Fluch, der mich heute trifft.«

Wie antworte ich auf Schläge? Unterwürfig oder aggressiv, oder habe ich eine entwaffnende Idee? Machtlosigkeit ist ein Zustand, in dem sich Größe zeigt. Wie reagiere ich, wenn ich gekränkt werde?

Jesus entgegnete ihm:
Wenn es nicht recht war, was ich gesagt habe, dann weise es nach;
wenn es aber recht war, warum schlägst du mich?

JOHANNES 18,23

Die Gefahr muss beseitigt werden?

Welche Menschen werden heute ungerechtfertigt zu Übeltätern erklärt? Welche Angst steckt dahinter?

Georg Sporschill

Hast du die Delle gesehen?!« Matei führte mich zu unserem VW-Bus. Tatsächlich, da hatte jemand beim Rückwärtsfahren wohl einen Pfosten gerammt. Triumphierend zeigte Matei mir den Schaden. »Wer war das?«, fragte ich. »Eure Elisabeth! Sie fährt so schlecht, dass sie das Auto bald ganz kaputt macht. In jeder Kurve bremst sie, sie hat keine Ahnung, das ist gefährlich.« Matei legte los und verlor sich in den Details der Fahrkunst. Außerdem habe sie neulich auch die Autopapiere eingesteckt und er sei von der Polizei kontrolliert worden, ohne Dokumente. Matei ist ein hervorragender Fahrer, er liebt alle Autos und Traktoren und sieht sie als sein Eigentum, das niemand antasten darf. Da unser Werk wächst, ist es nun immer wieder geschehen, dass statt Matei ein anderer Fahrten übernehmen musste. Er hätte es allein nicht mehr geschafft, trotzdem war er jedes Mal tödlich beleidigt. Nun hatte Elisabeth, die er besonders ablehnte, weil sie ihn oft ersetzte, endlich einen Fehler gemacht! Tagelang wurde der Blechschaden von ihm gefeiert.

Mateis Triumph leitet über zur Szene im Hof vor dem römischen Gerichtsgebäude. Hier skandiert eine Meute organisierter Schreihälse gegen den gefesselten Jesus, an dem der Gerichtsherr Pilatus keine Schuld finden kann. »Sie antworteten ihm: Wenn er kein Übeltäter wäre, hätten wir ihn dir nicht ausgeliefert.« Warum haben die Hohepriester die Leute so aufgehetzt? Was ist das Böse, das Jesus getan hat? In den Augen seiner Gegner hat er das jüdische Volk in Gefahr gebracht. Wie viele andere Revolutionäre vor ihm behauptete er, König der Juden zu sein, ein Messias. Immer wenn ein Revolutionär in der Zeit der römischen Besatzung in Israel den Führungsanspruch erhob, wurden die religiösen Autoritäten nervös. Die weltliche Autorität lag ja bei den Römern. Als Besatzungsmacht hatten sie die Hoheit über Militär, Gerichtsbarkeit und Steuern. Im Falle Jesu nennt Kaiaphas, einer der Hohepriester, die Gefahr beim Namen und macht einen Vorschlag, der vernünftig klingt: Es ist besser für euch, »wenn ein einziger Mensch für das Volk stirbt, als wenn das ganze Volk zugrunde geht.«

Der Hohe Rat opfert Jesus und drängt ihn dem römischen Gericht geradezu auf, um das Risiko zu bannen. In aller Früh wird Pöbel zusammengetrieben, der von Pilatus die Verurteilung Jesu fordert. Etwa hundert Claqueure sollen es gewesen sein – und nicht »die Juden«, wie der Text im Evangelium tragischerweise oft verstanden wurde. Die Gefahr, die von Jesus nach Einschätzung des Hohepriesters ausgeht, macht ihn zum Übeltäter, der beseitigt werden soll.

Matei tat alles, um ein Mädchen zur Übeltäterin zu erklären, weil es ihn störte, dass die Anfängerin »sein« Auto fuhr. Ähnlich wie der Hohe Rat der Juden, der Angst vor dem Aufrührer Jesus hatte, weil er die Besatzungsmacht hätte provozieren können. In der Angst beschuldigt man gern andere.

Welche Menschen werden heute ungerechtfertigt zu Übeltätern gemacht? Welche Angst steckt dahinter?

Sie antworteten ihm:
Wenn er kein Übeltäter wäre, hätten wir ihn dir nicht ausgeliefert.

JOHANNES 18,30

Kommunikation am Kreuz

In der Not ergeben sich Beziehungen mit schärferen Kanten – größere Aggressionen und tiefere Freundschaften – als im Glück. Erwartungen offenbaren sich.

Georg Sporschill

Knistern und Knacken in der Leitung, dann ein Rauschen: Endlich hörte ich eine Stimme, flüsternd, aber eindringlich: »Ich bin es, Moise, ich brauche deine Hilfe!« Aber Moise war doch im Gefängnis! Wer trieb da einen Spaß mit mir? Sie hatten ihn nach Tulcea versetzt, an der moldawischen Grenze. Einmal hatte ich ihn besucht, es war eine Tagesreise. Manchmal sandte ich ihm Geld, angeblich für Seife und Schreibpapier, obwohl es wahrscheinlich für billigen Tabak ausgegeben wurde. So hatte ich mich darauf eingestellt, Moise nicht so bald wiederzusehen. Doch jetzt, das war eindeutig er! War er etwa ausgebrochen? Mit leiser Stimme erzählte er mir, dass sein Zellenkollege ein Mobiltelefon eingeschmuggelt habe. Nach der Entlassung könne Radu bei uns mitarbeiten, das habe er ihm versprochen, deshalb dürfe er kurz das Handy benutzen, um ihn uns vorzustellen.

Am nächsten Tag rief mich ein Herr Ilie an. Er stamme aus dem Nachbardorf, dort lebe seine arme Mutter ganz allein. Ob ich ihr nicht Lebensmittel und Kleider bringen könne, mit einem Gruß. »Warum bringst du ihr das nicht selber?«, fragte ich den Fremden. »Ich muss noch zehn Jahre im Gefängnis verbringen, siebeneinhalb habe ich schon geschafft. Ich habe meine Familie verloren; die Frau hat einen anderen Mann, und wenn ich endlich herauskomme, sind meine Kinder erwachsen.« Es folgte ein ausführliches Geständnis, dass er einen anderen Hirten erschlagen habe.

Moise habe wunderbare Geschichten von mir erzählt und ihm meine Nummer gegeben.

In Versprechungen und im Stiften von Beziehungen war Moise immer schon ein Meister. Das ging so weit, dass er anderen in seiner Zelle – sie waren vierzig in einem Raum – so viele Zusagen für Zigaretten und Kaffee gemacht hatte, die ich schicken würde, dass ihm Prügel angedroht wurden, weil die guten Sachen auf sich warten ließen. Er musste in eine andere Zelle verlegt werden. Dort freundete er sich umgehend mit dem neuen Wärter an, dem »Gabarit«, wie die Gefangenen sie nennen – die vornehme Übersetzung lautet: fetter Hintern. Diesen Gabarit möchte er später wiedersehen, sagt Moise am Telefon. Er habe ihm einiges durchgehen lassen und nächtelang zugehört, wenn Moise sich ausgeweint habe.

Heute ist Moise wieder frei. Viele feste, auch schwierige Beziehungen aus dem Gefängnis sind geblieben.

Ein Gefängnis in Rumänien kommt der antiken Abschreckungsstrafe für Aufständische und Verbrecher, der Kreuzigung, schon recht nahe. Allen Evangelien ist wichtig, dass Jesus nicht allein gekreuzigt wird, sondern mit zwei Schicksalsgefährten. Lukas schildert die Kommunikation am Kreuz: Der eine verspottet Jesus, der andere bittet ihn um Hilfe und setzt seine Erwartungen in ihn. Hier zeigt sich Jesus endgültig als »der Mensch« (Johannes 19,5) zwischen zwei Menschen.

In der Not ergeben sich Beziehungen mit schärferen Kanten – größere Aggressionen und tiefere Freundschaften – als im Glück. Erwartungen offenbaren sich. Wer ist dir aus schwierigen Zeiten geblieben?

Dort kreuzigten sie ihn und mit ihm zwei andere,
auf jeder Seite einen, in der Mitte aber Jesus.

JOHANNES 19,18

Auf der rechten Seite des Bootes

Wer hat mir im Misserfolg durch sein Vertrauen weitergeholfen? Wer sagte mir ein Wort, das mich neu beginnen ließ, mich menschlich weiterbrachte?

Ruth Zenkert

Er ist Epileptiker, stottert, hat leichte motorische Störungen. Die Schule hat er nicht abgeschlossen, keine Ausbildung, kein Arbeitsplatz. Eusebiu war den ganzen Tag zu Hause, die alleinerziehende Mutter verzweifelte. Sie hörte von unserem Projekt, unserer Gemeinschaft. Ob Eusebiu bei uns mitarbeiten könne? Wir nahmen ihn auf. In der Tischlerei begann er. An die gefährlichen Maschinen durfte er nicht, damit er wenigstens noch seine zehn Finger behielt. So sollte er die Malarbeiten übernehmen. Oft flogen die Farbtöpfe um, seine Arbeitskleidung war manchmal mehr vom Rot getränkt als die Hinweisschilder, die er beschriften sollte. Doch wir stellten fest, dass Eusebiu viele Begabungen hat. Er ist belesen, hat einen reichen Wortschatz, macht sich viele Gedanken. Im Morgengebet erklärte er die Bibelstelle und überraschte uns mit seinem starken Glauben und mit aufbauenden Gedanken. An den Gemeinschaftsabenden, wenn wir Musik machten, ergriff er das Mikrofon und rappte voll Hingabe, mit starker Stimme und oft mit spontanen Texten. Er übernahm Dienste im Haus. Doch dann verliebte er sich in eine Volontärin – und prallte mit seiner Liebesenergie an ihr ab. Sie wusste ihn zu reizen und genoss sein phantasievolles und intensives Werben, um ihn dann wieder zu demütigen. Eusebiu war fertig. Einmal saßen wir alle im Wohnzimmer, er kam herein – ein Blick auf seine Angebetete, ihr Blick. Das war zu viel. Er knallte ein Buch in die Ecke, stapfte hinaus, die Türe flog zu, die Scheiben klirrten.

In seinem Zimmer wartete er darauf, dass ich ihn nach Hause schickte. Er reflektierte alles sehr klar, auch die »chemischen und physikalischen Vorgänge«, die ihn bestimmten. Im Gespräch hörte ich seine Sehnsucht heraus, seine enttäuschte Liebe. Er folgte dem Ratschlag, nicht an seiner Enttäuschung zu hängen, sondern die anderen in der Gemeinschaft wahrzunehmen. Eusebiu begann mit unseren Kindern Lesen zu üben, zu spielen, zu musizieren. Er ist ein sensibler großer Bruder für sie geworden. Die Kinder schauen zu ihm auf. Manchmal stottert er nicht mehr beim Reden.

Eusebiu brauchte in der Not Ermutigung und nicht Prügel. Wie die Schüler Jesu nach der erfolglosen Nacht beim Fischen. Auf »der rechten Seite« des Bootes sollen sie jetzt das Netz auswerfen. Was meint Jesus damit? Die rechte Seite ist in der Bibel die Ehrenseite. Der Messias sitzt zur Rechten Gottes. Jesus blamiert die erfolglosen Fischer nicht, sondern rückt sie auf den Ehrenplatz. Sein Wort des Vertrauens im Augenblick des Misserfolgs macht die Versager wieder leistungsfähig und verändert sie. Früher waren sie Fischer, jetzt lernen sie, was es heißt, Menschenfischer zu sein.

Wer hat mir im Misserfolg durch sein Vertrauen weitergeholfen? Wer sagte mir ein Wort, das mich neu beginnen ließ, mich menschlich weiterbrachte? – So wie Eusebiu, der plötzlich mit anderen reden konnte.

Er aber sagte zu ihnen:
Werft das Netz auf der rechten Seite des Bootes aus
und ihr werdet etwas finden. Sie warfen das Netz aus
und konnten es nicht wieder einholen, so voller Fische war es.

JOHANNES 21,6

Sternstunden

Es gibt Sterne, Menschen und Stunden,
die das Leben hell machen.

Ruth Zenkert

An einem Sonntagmittag hatten wir mit Gästen eine kleine Aufführung vor unserer Musikschule geplant. Ich war schon neugierig, wie schnell die nervösen Nachbarn kommen würden, um sich zu beschweren: »Nicht einmal am Sonntag haben wir unsere Ruhe!« Es sind ausgewanderte Sachsen, die den Sommer in Siebenbürgen verbringen. »Im Dorf war es ruhig, bis ihr mit den Zigeunern gekommen seid«, so jammern sie. Wir würden diese vom Ortsrand in die Dorfmitte locken. Am Tag störe der Lärm der Musikschüler, nachts trieben sich auf dem Vorplatz Jugendliche herum, die Lärm machten und Steine auf ihre Dachziegel würfen. Man könne hier nicht mehr leben, sie müssten ihre Fenster zumachen und die Türen versperren. Wenn wir ein Konzert oder eine Veranstaltung haben, zu der viele Dorfbewohner kommen, müssen wir vorher die Nachbarn beruhigen. Es gibt aber auch andere Dorfbewohner; sie freuen sich darüber, dass auf dem lange verwahrlosten Grundstück jetzt ein schönes Gebäude steht, dass Kinder und Jugendliche eine sinnvolle Beschäftigung finden und schöne Musik erklingt. Es sei wieder Leben eingezogen in das hoffnungslose Dorf, so sagen sie.

Die Musikgruppe hatte sich also für das Konzert aufgestellt, die Roma-Familie in bunten Kleidern war versammelt, und es begann mit feuriger Musik. Schon rasten Kinder auf Fahrrädern herbei, Leute schauten von der Straßenecke aus zu, und da erschienen auch die Nachbarn. Ich erwartete, dass der alte Herr schimpfen würde, aber er kam mit seiner Frau näher, hörte und schaute. Fröhliche Leute brachten ihre Gäste mit, immer mehr Menschen standen um uns herum. Schließlich versammelte sich auf der anderen Bachseite hinterm Zaun die Familie des Dorfkaufmanns, sie sind die Reichsten und haben das Sagen. Selbst die Schwester des Kaufmanns, die im Rathaus über den Akten sitzt und immer streng ist, war dabei. Einige fotografierten mit ihren Handys und begannen zu tanzen. Die Frau des Kaufmanns entdeckte mich unter den Musikern und winkte mir fröhlich zu. Plötzlich waren wir alle eine Gemeinschaft – Roma und Nicht-Roma, genervte Nachbarn und wilde Krachmacher. Alle waren zusammengewachsen und sangen und tanzten. Der alte Sachse sagte mir danach: »Ihr spielt wunderbar, die Kinder haben die Musik im Blut, so etwas bringen wir nicht zusammen.« Es war eine Sternstunde für mich.

Wie dieser Augenblick meinen Alltag erhellt hat, der vom Dunkel der Diskriminierung der Roma gezeichnet ist, so hell sind auch die Sterne am Himmel. Sie sind dazu geschaffen, über der Erde zu leuchten und die Herzen froh zu machen. Hier im Dorf gibt es nachts oft keine Straßenbeleuchtung, dann zeigt uns der Mond den Weg. Ich bestaune die Sterne, den Orion, den Großen Wagen, die Milchstraße, und bin dankbar für ihr Licht. Und ich denke glücklich daran, welche Menschensterne und Augenblicke in mein Leben hineinstrahlen.

Es gibt Sterne, Menschen und Stunden, die das Leben hell machen.

Sie sollen Lichter am Himmelsgewölbe sein,
um über die Erde hin zu leuchten. Und so geschah es.

GENESIS 1,15

Ungewöhnliche Partnerschaften

Wo bin ich in die Partnerschaft zwischen
Gott und Mensch eingebunden? Mit Ideen für Neues,
als Helfer, als Erzieher.

Ruth Zenkert

Von Fliegen übersät lag das kleine Mädchen da, in einem Hemdchen mit dem Aufdruck »Papas Liebling«. Vom Papa weit und breit keine Spur. Das Baby war verdreckt, fast leblos lag es auf der verwahrlosten Couch in der Lehmhütte, inmitten von Schmutzwäsche, einer leeren Zigarettenschachtel, Deo-Spraydosen, Zeitungspapier, alten Brotkrumen. Die Mutter war seit zwei Tagen verschwunden. Die vier Geschwister hatten uns geholt, weil sie nicht wussten, was sie mit der Kleinen machen sollten. Wir gingen mit ihnen zum Brunnen, die Brüder hüpften in das kalte Becken, aus dem sonst die Kühe trinken, lachend bespritzten sie sich gegenseitig. Das Baby wuschen wir unter dem schwachen Wasserstrahl. Durchfall und Dreckkrusten mussten von der zarten Haut geschrubbt werden. Dann holten wir Brot, Milch und Bananen. Die Buben aßen wie die Holzhacker. Wir sorgten jeden Tag für die Kinder. Nachdem auch in den nächsten Tagen weder Mutter noch Vater aufgetaucht waren, konnten wir mithilfe der Polizei alle fünf in ein Kinderheim in der Nähe bringen. Wenn ich sie besuche, laufen sie mir schon beim Tor entgegen. Es geht ihnen gut, sie halten zusammen, die Erzieher schauen auf sie. Zu Weihnachten haben sich die Buben ein Fahrrad gewünscht. Eine Freundin hat jedem eines geschenkt. Sie sind glücklich, vielleicht geht es ihnen besser als manchen Kindern im Reichtum.

Als ich in der Hütte das Elend der verlassenen Kinder sah, fragte ich mich: Wie können die Eltern ihre kleinen Kinder einfach sich selber überlassen? Manche fragen, wie kann Gott das zulassen? Hat er nicht gesagt: »Siehe, ich gebe euch alles Gewächs, das Samen bildet auf der ganzen Erde, und alle Bäume, die Früchte tragen mit Samen darin. Euch sollen sie zur Nahrung dienen«? Gott schenkt nicht nur Leben, er sorgt auch für Ernährung, in Partnerschaft mit den Eltern, die Mitschöpfer Gottes sind. Bei unserer Familie musste Gott anstelle der Eltern andere Partner finden. Oft erfüllen Großeltern, Freunde, Sozialarbeiter diese Aufgabe. Sie ergänzen, was bei den Eltern fehlt. In der Armut mag es Brot sein, im Reichtum kann es Liebe sein – körperliche oder geistige Nahrung.

Verantwortete Elternschaft heißt, Kinder zu zeugen und zu erziehen; ihnen das Leben zu schenken, aber auch für die Erhaltung des Lebens zu sorgen. In unseren verwahrlosten Vierteln freuen sich Mütter und Väter über ihre vielen Kinder, wie man es sonst nicht erlebt. Tests in der Schwangerschaft, um eine Behinderung zu erkennen, oder Abtreibung sind kein Thema. Doch wie können diese Kinder ernährt werden? Unsere Aufgabe ist es, Partner zu sein für die Eltern, für die Kinder, für Gott. In der Hoffnung, dass die Kinder mittels Schule und Ausbildung einmal selbstständige Partner Gottes sein können, wenn sie selber Nachwuchs bekommen.

Wo bin ich in die Partnerschaft zwischen Gott und Mensch eingebunden? Mit Ideen für Neues, als Helfer, als Erzieher.

Dann sprach Gott:
Siehe, ich gebe euch alles Gewächs, das Samen bildet
auf der ganzen Erde, und alle Bäume, die Früchte tragen mit Samen
darin. Euch sollen sie zur Nahrung dienen.

GENESIS 1,29

Göttlicher Rhythmus

Wie halten wir es mit dem Sonntag?
Womit hören wir auf, um am Montag
mit neuer Kraft anzufangen?

Ruth Zenkert

Auf der einen Seite lautes Jubelgeschrei und Luftsprünge, auf der anderen ein enttäuschtes »Nu se poate!« – Das kann doch nicht wahr sein! Angi knallte ihren Schläger so fest auf die Tischtennisplatte, dass fast der Griff absprang. Das Match war so spannend, dass alle anderen von ihren Spielen abließen und zuschauten. In den Runden davor hatten sie gekämpft, um möglichst in die Endrunde zu kommen. Sieger des Abends war Bogdan, der jüngste Lehrling in der Tischlerei. Als Anfänger und klein von Statur musste er sich in der Arbeit immer beweisen, meistens musste er die Laufdienste und lästigen Aufträge erledigen. Heute Abend aber war er der Gewinner, den alle bewunderten. Angi forderte Revanche. Die würde es nächste Woche geben. Dann würde Bogdan zeigen, ob er unschlagbar war. Nun saßen sie noch zusammen, hörten laute Musik, tanzten, vergnügten sich, bis es Mitternacht war.

Jeden Freitagabend, nach einer anstrengenden Arbeitswoche, öffnet der »Club E« seine Tore. In dem abgelegenen Dorf Hosman gibt es keine Möglichkeit, sich am Abend zu treffen, außer in der Dorfbar, wo schon zu Mittag alle betrunken sind. Zunächst war es eine Idee der ausländischen Volontäre, die bei uns lebten. Wie sollten sie das Wochenende verbringen? Mit Tischfußball begann es. Dann kamen immer mehr Jugendliche und Freunde aus dem Dorf dazu. Wir stellten ihnen einen Raum zur Verfügung, dann noch einen. Inzwischen ist das Freitagabendtreffen so etwas wie ein Club geworden, in dem unsere Lehrlinge, die Jugendlichen im Dorf, die Volontäre und die Mitarbeiter zusammenkommen. Angi ist die Chefin für die Mädchen im Garten, am Freitagabend ist sie mit ihren Schützlingen im Club. Dann lassen sie ihre Pflänzchen in Ruhe wachsen; jetzt geht es um die Freude, miteinander zu sein, Freundschaft zu leben, sich im Spiel zu messen. Keiner ist mehr müde, im Gegenteil, durch die Begegnungen im Club E wachsen Energien für die Arbeit der nächsten Woche.

Es ist wichtig, einmal mit der Arbeit aufzuhören, um sich auszuruhen. Gott hat das nicht nötig, aber er gönnt uns die Ruhe, weil wir sie brauchen. Um wieder neu anzufangen, weiterzumachen. In der Schöpfungsordnung gibt Gott dem Menschen das Modell dafür vor, wenn es heißt: »Er hörte auf am siebten Tag von all seinem Werk, das er gemacht hatte« (Übers. G. Fischer). Aufhören wird als aktives Handeln Gottes dargestellt. Für uns bedeutet es auch, anderen Verantwortung zu übergeben, mit der Mitarbeit anderer zu rechnen und mit der Gnade Gottes – nicht nur mit dem eigenen Machen. Ich darf ruhen, obwohl noch viel zu tun ist. Sechs Tage machen und einen Tag aufhören: Diesen Rhythmus schenkt uns Gott mit dem siebten Tag. Daraus wurde der Schabbat. Die Juden haben für diesen Tag ein detailliertes Regelwerk ausbuchstabiert, das akribisch befolgt wird. Für uns in Hosman beginnt das Ritual des Ruhetags am Freitagabend in unserem Jugendclub.

Wie halten wir es mit dem Sonntag? Womit hören wir auf, um am Montag mit neuer Kraft anzufangen?

Am siebten Tag vollendete Gott das Werk, das er gemacht hatte, und er ruhte am siebten Tag, nachdem er sein ganzes Werk gemacht hatte.

GENESIS 2,2

Die Menschen sind Götter

Wer leuchtet für dich?
Welcher Mensch ist für dich ein Gott auf Erden?

Ruth Zenkert

Grün-blau karierte Schürzen vorgebunden, laufen die Mädchen zu den Tischen und bedienen die Gäste im Speisesaal. Manchmal rempeln sie ungewollt einander an, hin und wieder schwappt die Suppe über die Hose eines Gastes. Von der Küchentüre aus dirigiert Angela ihre Schülerinnen, die in der Haushaltsschule lernen. Viele haben sich gemeldet, es sind Mädchen aus der Roma-Siedlung, die in Lehmhütten aufwachsen, wo es keinen Tisch und kein Essgeschirr und oft auch kein Essen gibt. Ihre Gäste sind Kinder und Jugendliche aus dem Dorf, die zu Hause ebenfalls nichts zu essen haben. Aus einer Sozialkantine wurde auf diese Weise ein »Gasthaus«, wo die Köche und die Gäste Kultur und Respekt lernen und weitergeben.

Izabela ist eine der jungen Kellnerinnen; immer hat sie einen Scherz auf den Lippen, bringt die Leute zum Lachen. Schnell eilt sie zum Tisch und bringt die scharfen Pfefferoni, die Nicu gerne isst. Einfühlsam liest sie allen ihre Wünsche von den Augen ab. Sobald das Essen fertig ist, wäscht sie das Geschirr ab und zieht immer andere dazu, die mit ihr fröhlich plauschen und kichern. Als Letzte verlässt sie am Abend mit Angela das Haus, trägt ihr die Tasche und begleitet sie zum Zimmer. Falls sie noch Hilfe braucht, Izabela ist zur Stelle! Auch nach dem langen Arbeitstag muntert sie die Chefin auf. Ihr Gute-Nacht-Wunsch: »Pass auf deine Seele und deine Knochen auf!«

Dabei hätte Izabela allen Grund, deprimiert zu sein und sich von Therapeuten behandeln zu lassen. Auf der Straße aufgewachsen, schnitt sie sich im Drogenrausch mit Glasscherben die Arme auf. Gewalt und Missbrauch waren an der Tagesordnung. Später verdiente sie ein wenig Geld bei den Freiern am Bahnhof. Manchmal überlistete sie die Männer, indem sie kassierte und dann durchs Badezimmerfenster abhaute. Wenn sie heute in die Stadt geht und sich bei einem Fastfood-Restaurant hinsetzt, wird sie von der Kellnerin weggejagt: »Wir bedienen keine Zigeuner!« Und doch bedient sie bei uns voll Freude täglich sechzig »Zigeuner«.

Was macht Izabela so lebensfroh und stark – nach all den Demütigungen, die sie erlebt hat und noch erlebt? Aus ihren großen schwarzen Augen strahlt Selbstsicherheit. »In der Welt hatte ich keinen Vater, aber das macht nichts. Mein Vater ist im Himmel, ich bin ein Kind Gottes.« Es stimmt, Izabela ist eine Tochter Gottes, ist göttlich.

Als Sohn Gottes bezeichnet sich Jesus. Als seine Mitbürger ihm vorwerfen, er lästere damit Gott, zitiert er die Bibelstelle, an der Gott selbst zu den Menschen sagt: »Ihr seid Götter« (Johannes 10,34; Psalm 82,6). Das Selbstbewusstsein, das Jesus hat und in allen erweckt, die zu ihm gehören, lässt den Verdacht aufkommen, dass er beansprucht, der Messias zu sein, ein König für das jüdische Volk. Das mag die religiösen Anführer gestört haben. Denn ein Gesetz, aufgrund dessen Jesus sterben muss, weil er sich als Sohn Gottes ausgegeben hat, gab und gibt es nicht. Wir alle sind Gottes Söhne und Töchter, das glauben Juden und Christen. Diese Tatsache sollte wieder mit Leben erfüllt werden, wie bei Izabela.

Wer leuchtet für dich? Welcher Mensch ist für dich ein Gott auf Erden?

Die Juden entgegneten ihm: Wir haben ein Gesetz und nach dem Gesetz muss er sterben, weil er sich zum Sohn Gottes gemacht hat.

JOHANNES 19,7

Herkunft und Aufgabe

Clown, Tänzer, Vater, Schauspieler, Unternehmer – welchen Titel trägst du?

Ruth Zenkert

Eine gelbe Taucherbrille auf der Stirn, das wild-krause Haar mit einem Pfeifenputzer zusammengebunden, so blies Fikri mit dicken Backen und leuchtenden Augen einen rosaroten Luftballon auf. Mit den Fingern schnell abgebunden, wurde daraus ein großes Herz. Das überreichte er dem Mädchen, das ihn mit angehaltenem Atem fasziniert bewunderte. »Te iubesc!« – Ich liebe dich! – Sie strahlte.

Fikri, ein aus Marokko stammender Franzose, war wieder zu unserem Sommerfest gekommen. Er war »der Clown« aus Paris, nach dem die Kinder sofort gefragt hatten, als die Rede vom »Rabentanz« war. Wo er auftaucht, zieht er alle in den Bann, nicht nur die Kinder, auch die Erwachsenen. Am Abend bot er ein musikalisches Schauspiel, es ging um Liebe und Tod, alles spontan und komisch, die Leute bogen sich vor Lachen. Am Tag war er umringt von Kindern. Feuerspeiend, jonglierend, akrobatische Übungen zeigend, immer neue Überraschungen aus der riesigen Hosentasche ziehend. Der Clown Fikri war immer »im Dienst«. Selbst als wir die Messe feierten, begleitete er das sentimentale Marienlied mit liebevollen, ja ehrfürchtigen Gesten. Irgendwann kam es mir so vor, als würde er gar nicht den Clown spielen, sondern einfach er selbst sein.

Als wir uns nach den drei Tagen seines Dauereinsatzes verabschiedeten, saß er noch eine Weile bei mir. »Ich habe große Sorgen. Ich liebe meine Frau, aber wir verstehen uns nicht mehr gut. Ich möchte sie und meine wunderschöne Tochter nicht verlieren. Ohne mein Kind bin ich der traurigste Mensch.« Er erzählte, wie sie sich mühten, ihre Wohnung zu behalten, es sei alles zu teuer in der großen Stadt. Und wie sie umeinander kämpften, und dass er eben oft unterwegs sein müsse, was der Beziehung nicht guttue. Dann brach er auf. Viele Kinder warteten am Tor, sie wollten ihn zum Bahnhof begleiten. Da war er wieder der liebevolle und lustige Clown mit der Taucherbrille, die er jetzt über die Augen schob, damit die Kinder seine Tränen nicht sahen.

Fikri ist Clown, König der Kinder. »Jesus von Nazaret, der König der Juden«, lautete die Inschrift am Kreuz. Es war römischer Brauch, den »Titulus«, also die Schuld des Verurteilten, auf eine Tafel zu schreiben, die der Delinquent auf dem Kreuzweg um den Hals tragen musste. Auf Golgota angekommen, wurde sie oben am Kreuz befestigt. Bei Jesus war die Inschrift in drei Sprachen verfasst, die im Römischen Reich in Jerusalem gesprochen wurden: Griechisch, Hebräisch und Lateinisch. Der Titulus nahm Bezug auf seine Herkunft und seine Aufgabe. Jesus hat das Heil, wie er es im Judentum erlebte, der heidnischen Welt geschenkt: Jeder hat die Würde eines Menschen und ist berufen zur Mitarbeit an dieser Botschaft. Der König der Juden wird für die Heiden hingegeben wie das Lamm, das geschlachtet wird. Die Pilger aus aller Welt, die zum Pessachfest nach Jerusalem gekommen waren, konnten es lesen.

Clown, Tänzer, Vater, Mutter, Schauspieler, Unternehmerin, Verführer, Organisatorin, Verwalterin, Gründer, Netzwerkerin – welchen Titel trägst du?

Pilatus ließ auch eine Tafel anfertigen
und oben am Kreuz befestigen; die Inschrift lautete:
Jesus von Nazaret, der König der Juden.

JOHANNES 19,19

Bis zum Ende begleiten

Welchem Menschen verdanke ich innere Stärke – Herzkraft und Charakter?

Georg Sporschill

Der letzte Güterwaggon löst sich vom Zug, rollt langsam aus und bleibt mitten im Grünen stehen. Das große Tor öffnet sich und in Zeitlupe springen Kinder heraus, dann ein alter Mann. Sie laufen über die Wiese hinaus ins Nichts. Das Bild löst sich auf in Nebel. So endet der Film *Korczak* von Andrzej Wajda.

In Wahrheit landeten die zweihundert jüdischen Waisenkinder in den Gaskammern von Treblinka. Zusammen mit ihrem »Doktor«, Janusz Korczak. Der Kinderarzt setzte sich vor allem für verwahrloste Kinder ein. Seine pädagogischen Leitlinien, die vom Recht des Kindes ausgingen, schrieb er in täglichen Skizzen und Kinderbüchern nieder. Schließlich übernahm er ein jüdisches Waisenhaus, in dem er seine Ideen umsetzte. Im Kinderparlament durften die Schützlinge Verantwortung übernehmen, sie beteiligten sich an allen Diensten im Haus, von der Wäsche bis zur Betreuung der Schwächeren. Er sah im Kind einen vollwertigen Menschen, noch frei von den Zwängen der Gesellschaft, denen sich Erwachsene beugen. Die Erzieher, schrieb Korczak, hätten die Aufgabe, sich in das Kind einzufühlen und ihm zu ermöglichen, seine Phantasie und Kräfte in der Natur zu entfalten. Kindheit sei nicht Warten aufs Erwachsenwerden, sondern die wichtigste Zeit, in der der Mensch noch er selbst sei. Korczak lebte mit den Kindern, er hatte eine besondere Zuneigung zu den Schwachen, und er liebte das Kleine: Auf seinem Schreibtisch stand ein Milchkännchen für die Maus. Seine pädagogischen Reformen beeindruckten viele – auch wenn sie sie nur aus Korczaks Kinderbüchern kannten.

1940 wurde er zusammen mit den jüdischen Bewohnern der polnischen Hauptstadt und mit »seinen« Kindern in das Warschauer Ghetto umgesiedelt. Zwei Jahre später wurde sein Waisenhaus evakuiert. Er sagte seinen Schützlingen, sie würden aufs Land fahren, hinaus aus der stickigen Stadt. Sie sollten sich schön anziehen. Froh gestimmt gingen die Kinder zum Bahnhof, sie sangen, ein Bub spielte Geige dazu. Korczak ging allen voran, mit zwei Kindern im Arm. So zog die Kinderschar mit ihrem Vater ohne Angst zum »Ausflug«. Auf dem Bahnhof gab es Versuche, den Arzt zu retten. Man hatte ihm einen Schweizer Pass beschafft und wollte ihn zurückhalten. Der Platzkommandant erfuhr, dass Korczak im Zug war, und wollte ihn aus dem Zug steigen lassen. »Ich habe Ihr Buch gelesen, als ich noch klein war. Ein gutes Buch.« Doch Janusz Korczak wollte seine Kinder bis zum Ende begleiten.

Der Film *Korczak* ist sehenswert für alle, die das Vorbild eines gerechten Menschen suchen. Auch die Ideen für Erziehung, die Korczak notiert hat, sind aktuell. Heute auf diesen Mann zu schauen, der mit seinen Kindern in den Gaskammern ermordet wurde, setzt in unserem Innersten Kräfte frei. Wir werden mutig, treu, fähig zur Partnerschaft, sind Vorbild und lernen von den Kindern. Auch für Korczak gilt, wie für Jesus, das Schriftwort: »Sie werden auf den blicken, den sie durchbohrt haben.«

Welchem Menschen, der sich hingegeben hat, verdanke ich innere Stärke – Herzkraft und Charakter?

Und ein anderes Schriftwort sagt:
Sie werden auf den blicken, den sie durchbohrt haben.

JOHANNES 19,37

Ein befreiender Geist

Wann hast du jemanden zu seinem Weg befreit?
Wer hat dir Mut gemacht, deinen Weg zu finden?

Georg Sporschill

Gabriel wollte ein Jahr ehrenamtlich bei uns mitarbeiten. Gerne nahm ich den jungen Mann in unsere Hausgemeinschaft auf. Ich wusste nicht viel über ihn, doch er schien mir etwas betrübt. Bald erzählte er mir, warum er zu uns gekommen war. »Ich brauche Distanz und Zeit«, begann er seine Geschichte. »Evelyn, meine Partnerin, dreht gerade durch.« »Was ist passiert?«, wollte ich wissen. Gabriel holte aus seiner Hosentasche eine kleine Schachtel, mit blauem Filz bezogen, sie war schon ein wenig abgegriffen, wahrscheinlich trug er sie immer bei sich. Er öffnete sie vorsichtig und zeigte mir zwei Ringe. Aus Weißgold, massiv, eckig. Ich las in den Ringen die Namen: Gabriel und Evelyn. »Wir gehören zusammen, schon seit zwei Jahren. Ich möchte sie heiraten, aber Evelyn sagt, das geht nicht. Sie wirft mir vor, ich wolle sie gar nicht, ich suchte etwas anderes. Doch ich schwöre, ich will nur sie!« Er hatte Tränen in den Augen. »Warum glaubt sie, dass du sie nicht willst?«, fragte ich. »Das weiß ich nicht. Ich muss warten, bis sie wieder normal wird.« Gabriel wartete, es verging kein Tag, an dem er nicht an sie dachte und den Weg zu Evelyn suchen wollte. Das Jahr verging, Gabriel wurde immer stabiler und allmählich ein guter Mitarbeiter. Irgendwann redeten wir nicht mehr über Evelyn, sondern über unsere Schützlinge. Eines Tages brach er auf, um eine Arbeit zu suchen. Jahre später meldete er sich wieder bei mir: »Ich möchte Priester werden!« Nun verstand er, was Evelyn, die ihn liebte, bei ihm gespürt hat. Er liebt die Menschen, auch die Frauen, er ist ein Vater,

Hirte, Freund für viele – nicht nur für eine Frau, für eine Familie.

Die Frau hatte in dem jungen Mann einen Geist aufgespürt, von dem er nichts wusste. Sie musste ihn wegstoßen, bis er allmählich begriff. Damit tat sie etwas Ähnliches wie Jesus, als er bei seinem Abschied seine Schüler in ihre Lebensaufgabe hineinstößt. »Er hauchte sie an und sagte zu ihnen: Empfangt den Heiligen Geist!« Jesus nimmt damit auf, was Gott in der Schöpfung tat. Er haucht der Materie den Geist ein, um daraus den Menschen zu machen. Der Geist macht die Wesen liebesfähig, sie werden Partner für Gott, mit dem Auftrag, die Welt zu kultivieren. Wie im Anfang Gott den Menschen erschuf, stiftet jetzt Jesus sein Werk, eine Gemeinschaft, die wie Israel der Humanisierung der Welt zu dienen hat. Für diese Aufgabenstellung gibt es die neue Erwählung, die Kirche. Jesus legt denselben Geist Gottes – keinen neuen, keinen besseren Geist – auf eine Gruppe von Menschen, die zu ihm gehören, die seine Schüler und Schülerinnen sind, sich in seinem Namen versammeln und mit ihm einen Dienst übernehmen, den Gott ihnen gegeben hat, nämlich als »Diener der Freude« zu den Völkern zu gehen. Paulus nennt sie eine »neue Schöpfung«.

Evelyn hat Gabriel »angehaucht« mit einem Geist, der ihn befreit hat.

Wann hast du jemanden zu seinem Weg befreit? Wer hat dir Mut gemacht, deinen Weg zu finden?

Er hauchte sie an und sagte zu ihnen:
Empfangt den Heiligen Geist!

JOHANNES 20,22

Zwei Wege zum Lebensglück

Der Weg der Braven oder der Schwierigen,
der Kindlichen oder der Kritischen.
Welchen Weg zum Lebensglück darfst du gehen?

Ruth Zenkert

Kerzerlschlucker, schauts liaber, dass eire Oaschlöcher ned bei de Nochbarn die Hittn zerlegen!« Mit diesen rauen Worten erwartete mich der Polizeiinspektor nach der Messe vor der Hauskapelle. Das war vor dreißig Jahren im Jugendhaus der Caritas in Wien. Am Kragen hielt er den betrunkenen Horstl, der kaum noch stehen konnte. Horstl hatte im Gasthaus um die Ecke eine Schlägerei begonnen. Der Wirt hatte die Polizei geholt, doch außer Inspektor Matthias wagte keiner sich zu den gewalttätigen Burschen. In unser Haus kamen die Polizisten grundsätzlich nur zu zweit, Matthias wurde unser Kontaktbeamter. Der »Kieberer« war für unsere Schützlinge eine Autorität, er kannte die richtige Sprache für sie und setzte sich für sie ein. Auch wir Mitarbeiter hatten Respekt vor ihm. Oft musste er das Gästebuch kontrollieren, ob nicht ein gesuchter Verbrecher bei uns untergetaucht war. Manchmal blieb er auf einen Kaffee. Nie brachte ich ihn in die Kirche, obwohl ich ihn oft eingeladen hatte. Einmal schaffte ich es, dass er zur Messe blieb. Wir ließen die Kapellentüre offen, und er stellte sich ganz ans Ende des Ganges und rauchte. Dann wurden wir versetzt, Matthias in ein anderes Kommissariat und ich nach Rumänien. Wir verloren uns aus den Augen.

Eines Tages rief er mich an, viele Jahre später. Er habe eine Bitte. Ob ich nicht in seiner Gemeinde bei einer Wallfahrt predigen könne. Ich traute meinen Ohren nicht. »Matthias, was für eine Gemeinde?« Ich musste zweimal nachfragen.

Da war wieder sein strenger Polizeiton: Red nicht lang herum, komm! Er beschrieb mir, wie ich zur Kirche ins südliche Burgenland gelänge. Ich fuhr hin. Nicht viele Wallfahrer kamen, treue Kirchgänger zogen mit einer Marienfahne ein. In der ersten Reihe nahm Matthias Platz, und neben ihm – ich kannte das Gesicht – ja, es war Horstl! Beide saßen da und weinten wie Schlosshunde. Ich musste bei der Predigt wegschauen, sonst wäre auch ich in Tränen ausgebrochen. Matthias hat mit den Schwierigsten, die aus dem Gefängnis gekommen waren, über all die Jahre Kontakt gehalten. Er begleitet Horstl und einige der anderen »Oaschlöcher« in Freundschaft, hilft ihnen bei der Arbeitssuche und lädt sie in sein Haus ein. Er hat es geschafft, dass Horstl nicht mehr trinkt. In der Gemeinde, in der Matthias jetzt lebt, unterstützt er den Monsignore, er ist der gute Geist für alles und der Mesner, der die Kerzen anzündet, die angeblich andere schlucken.

Zwei Wege des Glaubens sind in dieser Geschichte beschrieben. Der eine führt über Schwierigkeiten zum Glauben. Matthias musste sich den Weg erkämpfen, bis er sehen konnte. Den anderen Weg gehen die Wallfahrer und der Monsignore, die sich wundern über die »ungläubige Jugend, die nicht in die Kirche geht«. Sie machen sich Sorgen und beten für sie. Für sie gilt: Selig sind sie, die nicht sehen und glauben!

Der Weg der Braven oder der Schwierigen, der Kindlichen oder der Kritischen. Welchen Weg zum Lebensglück darfst du gehen?

Jesus sagte zu ihm: Weil du mich gesehen hast, glaubst du.
Selig sind, die nicht sehen und doch glauben.

JOHANNES 20,29

Wo ist dein Ort der Wonne?

Wo fühlst du dich wohl?
Wie sieht dein Zuhause aus?

Ruth Zenkert

Als wir aufbrechen, ruht das Dorf noch in Nebelschwaden. Wir sind eine lustige Truppe: Mitarbeiter, Volontäre und Kinder. Auf dem Weg schließen sich noch einige an, die gerade herumstehen, Kinder aus verwahrlosten Familien, verwildert, keiner kümmert sich um sie, sie kommen einfach mit. Im Rucksack haben wir Wasser, Brot und Wurst. Unser Ziel ist die »Cabana«, eine Hütte auf dem Hügel über dem Dorf. Die Kleinen springen übermütig vor und zurück. Zwei Füchse mit dicken roten Schwänzen kommen aus den Büschen, erschrecken und laufen davon. Unser Hund Buli beschleunigt ihre Flucht. Da entdeckt Narcisa im Schnee große runde Spuren: Bärentatzen! Die Tiere suchen Nahrung und kommen immer näher zum Dorf hinunter. Die Mädchen kreischen vor Angst. Wir singen ein Lied, angeblich laufen die Bären weg, wenn sie Menschenstimmen hören.

Bald sind wir aus dem Nebel draußen und fühlen uns wie in einer anderen Welt. Die Sonne strahlt und bringt die erste Frühlingsluft in unsere Herzen. Eine Schafherde weidet auf dem Gelände, die wuscheligen Hirtenhunde bellen pflichtbewusst und rasen auf uns zu. 13 große Viecher umringen uns. Sie kennen uns inzwischen, wir sind keine Bedrohung mehr für ihre Schafe. Unter ihnen ist auch Gruia, dessen Zähne sich einmal in meine Wade verirrt haben. Längst sind wir Freunde geworden, er begleitet uns in der Hoffnung auf ein Stück Wurst. Und da sehen wir schon die Cabana. Jetzt fangen alle Kinder zu laufen an, denn wer zuerst ankommt, darf sich etwas wünschen. Der Ausblick auf die Karpaten ist traumhaft. Von hier oben scheinen alle quälenden Probleme und Fragen klein. In der Hütte ist es kalt. Wir holen Holz und heizen ein. Alle helfen mit, selbst die Kleinen, die zu Hause nicht einmal einen Tisch haben. Als die Würste gebraten sind, wird die wilde Bande still. Aufrecht und elegant sitzen sie da und beten, Gruia liegt zu meinen Füßen unter dem Tisch. Wenn uns auch die ungezähmte Horde oft überfordert – die Kinder in der Cabana sind eine Wonne, die mich für die nächste Woche stärkt.

Einen Ort der Wonne gab Gott dem Menschen. Er ließ ihn nicht allein, sondern schenkte ihm eine Umgebung, die ihm das Leben ermöglichte. Er pflanzte »in Eden, im Osten, einen Garten und setzte dorthin den Menschen, den er geformt hatte«. Geografisch vermutet man den Garten im Zweistromland, aber Eden ist eher symbolisch zu verstehen. Es bedeutet »Ort der Wonne«. Gott ist der Gärtner und gibt seinem Geschöpf Geborgenheit und Genuss in einem gepflegten Garten, wie ich ihn auf der Cabana mit den Kindern erlebte. Durch Tischkultur und Freundschaft fließt der »Strom der Wonnen« in unser Zusammensein (Psalm 36,9). Ich höre das Wort aus dem Hohelied:

»Esst, Freunde, trinkt, berauscht euch an der Liebe!« (Hohelied 5,1c) Im biblischen Bild sind die Liebenden selbst der Garten, wenn die Frau den Mann einlädt: »Mein Geliebter komme in seinen Garten und esse von seinen köstlichen Früchten!« (Hohelied 4,16b) Solche Orte und Stunden geben mir ein Zuhause. Und noch mehr denen, die heimatlos sind: den verwilderten Kindern.

Dann pflanzte Gott, der HERR, in Eden, im Osten, einen Garten und setzte dorthin den Menschen, den er geformt hatte.

GENESIS 2,8

Der König der Wegelagerer

Wo bricht für mich eine Quelle hervor?
Wer gibt mir Kraft, um in den Alltag,
in die Arbeit zu gehen?

Ruth Zenkert

Die Listen wurden immer länger. Ich hatte den Eindruck, dass wir in Problemen versanken. Auf der Baustelle für das neue Sozialzentrum in Nou tauchten täglich neue Fragen auf: Feuerschutz, Statik, Trockenlegung im Keller, Genehmigungen, gestohlenes Baumaterial. Mir brummte der Kopf. Es gab viele Sitzungen. Schritt für Schritt kamen wir weiter. Langsam verwandelte sich die ewige Ruine in ein Haus mit Boden, Fenstern, Türen. Ein Kinderhaus.

Meinen Alltag durchbrach Moise, mein alter Freund aus Bukarest. Seit Monaten war kein Tag vergangen, an dem er mich nicht zehnmal angerufen hatte. Oft konnte ich nicht antworten, weil ich zu tun hatte. Er ist anhänglich seit bald dreißig Jahren. Als Neunjähriger war er mir am Bahnhof wie der Räuberhauptmann einer Bande aus Straßenkindern entgegengetreten. Als ich in Siebenbürgen mit dem neuen Projekt begann, kam Moise und gab Trommelunterricht. Eines Tages war er wieder verschwunden. Jetzt nahte sein Geburtstag und er wollte kommen, um zu feiern. Und dann stand er da, mit vier prallen Taschen. Kekse und Cola für das Fest, Geschenke, die er irgendwo erhascht hatte, Fotos, Briefe mit Grüßen von Straßenkindern. Moise erzählte von seinen Abenteuern auf der Straße, von Schwierigkeiten mit der Polizei, wie er – natürlich völlig unschuldig! – verhaftet worden und in Untersuchungshaft gekommen war. Alles hatte er verloren, mit nichts wurde er wieder vor die Tür gestellt. Er schlug sich durch als Zeitungsverkäufer, Nachtwächter,

Abwäscher. Nirgends blieb er lange, aber von jedem Arbeitsplatz hatte er eine lustige Geschichte zu erzählen. Wie konnte ein Mensch so viel aushalten, immer wieder am Abgrund stehen und doch so voller Lebensfreude sein? Ich weiß, dass Moise auch jetzt nicht lange bei uns bleiben wird, weil es ihn wieder weiterzieht. Umso mehr genieße ich die Stunden mit ihm. Seine Freundschaft, seine verrückten Erlebnisse, seine Kraft, mit der er die ganze Gemeinschaft belebt. Durch ihn berühren mich die Kinder der Straße. Dann fällt es mir wieder leicht, die Baustellen voranzubringen. Dort werden bald Kinder lernen und spielen. Vielleicht wird Moise mit ihnen einen Trommelkurs machen.

Die Freundschaft mit Moise ist für mich eine Quelle – von Genuss und Ideen. Diese Kraft fließt hinein in meine Arbeit. Wenn ich in der Musikschule bin, dann höre ich plötzlich mehr die Freude der Trommler und ärgere mich weniger über die undisziplinierten Kinder.

Wo sind meine Quellen? Wo brechen Kräfte in mir auf? Dafür steht das biblische Bild vom Strom Gihon in Jerusalem. Der Name heißt wörtlich übersetzt: hervorbrechen, sprudeln. Das Wasser tränkt den Garten Eden und fließt weiter in das ganze Land Kusch, damals das ferne Afrika. Heute fließen neue Ideen in unsere Gemeinschaft, die für mich wie der Garten Eden ist. Und darüber hinaus in unser Dorf mit den vielen Menschen, die anders sind als wir. Ihre Not ist groß. Tiefe Quellen braucht es, die überallhin Hilfe bringen.

Wo bricht für mich eine Quelle hervor? Wer gibt mir Kraft, um in den Alltag, in die Arbeit zu gehen?

Der Name des zweiten Stromes ist Gihon;
er ist es, der das ganze Land Kusch umfließt.

GENESIS 2,13

Der Spiegel verrät, bei wem ich Anerkennung suche

In meinem Gesicht steht geschrieben, wer mir Ansehen gibt, ob der Glanz von innen oder von außen kommt.

Ruth Zenkert

Erschöpft und mit geschwollenen, schmerzenden Händen saß ich eines Abends im Konzertsaal der Philharmonie von Sibiu. Den ganzen Nachmittag hatte ich versucht, vierzig Roma-Kinder im Trommelunterricht zu bändigen. Es war mir nur schwer gelungen, sie waren wild und wollten nicht zuhören. In den rot gepolsterten Logen lauschten elegante Damen und Herren der Musik. Über dem Orchester thronte in der hinteren Reihe der Schlagzeuger und zog mich in den Bann. Das wäre doch wunderbar, wenn der unseren Kindern das Trommeln beibringen könnte! In der Pause erzählte ich der Freundin, die mich ins Konzert eingeladen hatte, von meiner Idee. Sie lachte bloß: »Du wirst doch nicht glauben, dass Andrei zu deinen Zigeunerkindern in die Lehmhütten kommt! Er gehört zur Elite der rumänischen Musiker.« Doch ich ließ nicht locker, und es gelang mir auch wirklich, den jungen Künstler zu einem Gespräch zu treffen. Ich berichtete ihm von unserer Hilfe für arme Familien, von den mühsamen Trommelstunden mit den Kindern, und gestand, was ich mir von ihm wünschte. Er sagte auf der Stelle zu und kam in die Schule von Neudorf, ins Roma-Ghetto. Im Turnsaal tobten fünfzig Kinder. Als Andrei mit einem Trommelwirbel begann, wurde es auf der Stelle ruhig. Dann erklärte er ihnen, wie man einen Rhythmus hält, und schlug mit ihnen verschiedene Takte. Alle Hände machten mit. Am nächsten Tag rief Andrei an. In der Nacht seien ihm viele Ideen gekommen, wie er die verwahrlosten Kinder mit Musik zum Lernen motivieren könne. Seither erwarten ihn jede Woche begeisterte Kinder vor der Schule. Und Andrei strahlt, vielleicht noch mehr als beim Beifall im Konzerthaus.

Für das Strahlen des Gesichts steht im griechischen Text der Bibel das Wort »doxa«, zweimal findet es sich im folgenden Vers, allerdings mit anderer Übersetzung: »Denn sie liebten das Ansehen bei den Menschen mehr als das Ansehen bei Gott.« Doxa hat viele Bedeutungen – Strahlen und Ansehen, aber auch Ehre, Gewicht, Herrlichkeit. Das Bedeutungsfeld drückt aus, dass es uns ins Gesicht geschrieben steht, bei wem wir Ansehen suchen. Manche bringen unser Gesicht zum Strahlen, andere verdunkeln es. Am intensivsten wird die doxa bei Mose sichtbar, als er nach der Gottesbegegnung vom Sinai heruntersteigt. Mose »wusste nicht, dass die Haut seines Gesichtes strahlte«, weil er mit dem Herrn geredet hatte (Exodus 34,29). Er war so aufgeladen von der Begegnung mit Gott, dass sein Gesicht leuchtete. Er musste es verhüllen, als er mit dem Volk sprach. Die Liebe zu den Menschen und die Gottesnähe, die er erfahren hatte, gaben ihm Ansehen. Es war ihm ins Gesicht geschrieben.

Bei Andrei haben die ärmsten Kinder das Gesicht zum Strahlen gebracht, bei Mose die Begegnung mit Gott und die Aufgabe, das gefallene Volk aufzurichten. Wer bringt mich zum Strahlen? In meinem Gesicht steht geschrieben, wer mir Ansehen gibt, ob der Glanz von innen oder von außen kommt.

Denn sie liebten das Ansehen bei den Menschen
mehr als das Ansehen bei Gott.

JOHANNES 12,43

Die Sonne der Gerechtigkeit

Was vertreibt die Finsternis in deinem Herzen?
Wer macht dein Leben hell? Dimensionen des Lichts.

Georg Sporschill

Seit zwanzig Jahren laufe ich nun Moise nach. Er ist längst kein Kind mehr und doch immer noch mehr auf der Straße als im Haus. Wenn es ihm zu eng wird, bedroht er eine hilflose Mitarbeiterin. Danach muss er gehen. Auf der Straße flucht er auf das Sozialzentrum. Er versinkt in Drogen, erkennt mich kaum, als ich ihn finde. Zum tausendsten Mal enttäuscht, gehe ich nach Hause. Als wir am nächsten Morgen das Tor aufsperren, steht draußen ein frierender Bub. Es ist Augustin. Seit Wochen haben die Streetworker versucht, ihn ins Sozialzentrum zu bringen. Es war unerträglich zuzuschauen, wie der Bub zugrunde ging. Wie seine Schwester, die in seinen Armen gestorben ist, unten im Kanal. Wir konnten ihn nicht vom Abgrund zurückreißen. Moise aber ist es gelungen, er hat Augustin zu uns gebracht. Er selbst musste hinunter in den Kanal, um den Kleinen heraufzuholen. An jenem Morgen war das Licht stärker als die Finsternis des Scheiterns.

Augustin vertraute Moise, er glaubte seinem Wort. Moise, selber am Abgrund, war für ihn das Licht im biblischen Sinn. Nach den Rabbinern ist Gott selbst das Licht, ebenso aber der Mensch. Lichter zur Orientierung auf der Erde, die wüst und leer war, sind auch Israel, die Thora und Jerusalem. Das wichtigste Licht jedoch sind die Gerechten, die Menschen, die sich für die Schutzbedürftigen einsetzen. Sie durchbrechen das Dunkel der Welt. Unaufhörlich. »Bevor Gott die Sonne eines Gerechten untergehen lässt, lässt er die Sonne eines anderen Gerechten aufgehen«, sagen die Rabbiner.

Die Sonne der Gerechtigkeit leuchtet allen: »Zündet ein Mensch die Lampe in seinem Palast an, kann er dann sagen: Der und der, welcher mein Freund ist, darf sich des Lichtes der Lampe erfreuen; aber mein Feind darf sich des Lichtes der Lampe nicht erfreuen?« (nach einem Midrasch).

Die Ausstrahlung des Lichts schwingt mit, wenn Jesus sagt: »Ich bin als Licht in die Welt gekommen.« Die gängige Übersetzung gibt die Worte Jesu anders wieder: »Ich bin das Licht der Welt«, mit Artikel. Im griechischen Original steht jedoch kein Artikel. Auf diesen Unterschied kommt es an. Wenn Theologen bei der Übersetzung einen Artikel einfügen, wird Jesus *das* Licht, exklusiv, der griechische Urtext jedoch setzt voraus, dass es auch andere Lichter und anderes Licht gibt, als es Jesus ist. Bei aller Freude über das Licht, das uns Christen durch Jesus gegeben ist, verweist uns die Bibel auf Lichter in der Welt, die es schon vor Christus gab und heute an vielen anderen Orten außerhalb des Christentums gibt. Christentum bedeutet im biblischen Sinn einen Auftrag Jesu an uns: Ihr seid das Licht der Welt. Es bedeutet aber zugleich die Herausforderung, nach Gerechten zu suchen, die unabhängig von uns die Welt hell machen.

Nicht ein Erzieher, sondern Moise wurde zum Licht für Augustin, ein verlorenes Kind. Jemand vertraut sich dir an und sein Leben wird wieder hell. Auch dein eigenes Leben wird heller. Was vertreibt die Finsternis in deinem Herzen? Wer macht dein Leben hell?

Ich bin als Licht in die Welt gekommen, damit jeder,
der an mich glaubt, nicht in der Finsternis bleibt.

JOHANNES 12,46

Freundschaft, die zu Taten beflügelt

Bei wem bin ich gerne?
Wessen Nähe bringt mich auf Ideen, macht mich frei?
Wessen Liebe macht mich leistungsfähig?

Ruth Zenkert

Kennen Sie beide sich?« fragte die Sicherheitsbeamtin bei der Ausreise am Flughafen von Tel Aviv. War das eine dieser fuchsigen Fangfragen? »We was with a good friend now together in Jerusalem …« stammelte Wolfgang. »Sie können auch Deutsch reden«, sagte sie. »Ich war Jesuit und habe geheiratet, dann hatte ich keine Anstellung und wäre Taxi gefahren, aber ich bin dann evangelisch geworden, weil mich die Kirche genommen hat als Pfarrer. Aber wir zwei sind nicht verheiratet, wir kennen uns seit 25 Jahren aus Nazaret. Meine Frau ist mit den zwei Kindern zu Hause, weil die Tochter einen Hörschaden hat …« – »Wolfgang, du musst nicht dein ganzes Leben erzählen«, unterbrach ich ihn, und zur Beamtin: »Wir sind Freunde.« Sie lächelte und winkte uns weiter.

Eine spannende Woche ging mit dem Abflug zu Ende. Wolfgang, der Bibellehrer, Georg, sein Schüler und ich als Schreiberling hatten an biblischen Texten und Themen genagt, diskutiert, geschrieben. Uns waren Welten aufgegangen. Wolfgangs ungewöhnlicher Blick auf die Bibel überrascht mich jedes Mal. Aber er spricht und schreibt wie verschlüsselt. Wenn er etwas erklärt, versteht es kein Mensch. Von hinten beginnend, rollt er in einem Satz einen Gedanken auf, und man kann ihn erst nachvollziehen, wenn man das Ganze ein zweites Mal hört, also das Ende schon kennt. Wolfgang ist daher oft nicht ernst genommen worden, auch wegen seines ungewöhnlichen Auftretens. An der Uni in

Wien sollte ein Vortrag stattfinden, alle waren elegant gekleidet – Wolfgang machte sich in ausgelatschten Sandalen und einer gelb-schwarz karierten Fleecejacke auf den Weg.

Georg und Wolfgang verbindet vieles. Als Student kam Georg zu Wolfgang, der ganz auf ihn setzte. Er nahm ihn mit auf Reisen und zeigte ihm, wie man sich im Orient durchschlägt. Er führte ihn in die Sozialarbeit ein, erzählte ihm von den Strafgefangenen, die er betreute, und vermittelte ihn als Praktikant in ein Heim für Schwererziehbare. Er brachte ihm bei, wie man Menschen gewinnen und begleiten kann. Er öffnete ihm die Augen für seinen Weg. Durch diese enge Freundschaft verstanden und verstehen sie einander. Georg ist einer der wenigen, die die »Zungenreden« von Wolfgang für die Menschen übersetzen können. Gemeinsam gründeten sie eine Bibelschule, die heute noch besteht und von Schülern weitergeführt wird. Sie schrieben Bücher und Artikel, die nur lesbar sind, weil Georg aus tiefer Freundschaft heraus Wolfgangs Gedanken anderen verständlich machen kann. Und er setzt die Kraft und Offenheit der Bibel in eine Sozialarbeit um, durch die Menschen wachsen und Gemeinschaften sich bilden.

Wie Wolfgang konnte auch Jesus sich nicht für alle verständlich machen. Viele nahmen ihn nicht an, für sie blieb er ein skurriler und verstörender Wanderprediger. Doch wer ihn liebte, der konnte Wunder wirken und Menschen heilen.

Bei wem bin ich gerne? Wessen Nähe bringt mich auf Ideen, macht mich frei? Wessen Liebe macht mich leistungsfähig?

Wenn ihr mich liebt, werdet ihr meine Gebote halten.

JOHANNES 14,15

Das Leitwort, das dein Schicksal bestimmt

Wirksamkeit und Freundeskreis entscheiden sich an der Frage: Welche Worte prägen mein Leben und leiten mich?

Georg Sporschill

Ende der Siebzigerjahre erlebte ich in meiner Gemeinde den Aufbruch der Jugend. Hunderte strömten in die Kirche und machten bei sozialen Aktionen mit. Dreißig Jahre nach meiner Priesterweihe bereiteten sie mir ein Fest. Sie waren inzwischen gestandene Männer und Frauen geworden. Ich fragte eine Frau: »Wie erklärst du, dass es damals diesen Aufbruch gab?« Ihre Antwort war: »Damals beeindruckte mich, dass der Schwierigste von allen dein bester Freund war. Er war immer bei dir, du hast alles ausgehalten, sogar als er mit einer Pistole durch das Fenster deines Schlafzimmers schoss. Viele bekamen dadurch das Gefühl, dass in dieser Gemeinschaft alle einen Platz finden und dass es Verständnis gibt für ihre Probleme, die in fast allen Fällen geringer waren als bei deinem Liebling.« Für mich selbst wurde dadurch ein Geheimnis gelüftet, das mir nicht bewusst gewesen war. Ich erinnerte mich an meinen Lehrer, der uns den Auftrag ans Herz gelegt hatte, auf den Schwächsten zu achten und ihn zur Aufgabe für die Gruppe zu machen. Ich suchte damals starke Jugendliche, die Gruppen leiten sollten. Wenn sie mit einem der Jugendlichen, die nur zwei Jahre jünger als sie selbst waren, Probleme bekamen, gab ich ihnen den Rat meines Lehrers, sie sollten den Schwierigen nicht ausstoßen, sondern zur Aufgabe für die Gruppe machen. Aus der Spannung zwischen dem Stärksten und dem Schwächsten lebt die Sozialarbeit. Diese Erkenntnis habe ich dem Wort meines Lehrers zu verdanken.

»Im Anfang war das Wort.« So beschreibt die Bibel die Weise, wie Jesus arbeitete. Er suchte junge Menschen und vertraute ihnen Worte an, mit denen sie die Welt bewegen konnten. Diese Worte waren authentisch, sie kommentierten die Taten, die seine Schüler miterlebten. Jesus ging auf die Fremden zu und gab ihnen Heimat. Er hörte die Bedürfnisse der Suchenden und stillte sie. Mit seinem Wort. Die Schüler »bewahrten sein Wort«, das heißt: Sie hörten es und nahmen es auf. Sie setzten sich damit auseinander, sie fragten kritisch nach. Sogar der »ungläubige« Thomas kam, als er die Wundmale berührte, zu dem Bekenntnis: »Mein Herr und mein Gott.« Für viele andere jedoch blieb das Wort Jesu ein Ärgernis. Sein Anspruch überforderte sie. Das Neue war zu viel. Sie lehnten Jesus ab. Dass auch diejenigen, die mit ihm gingen, diese Erfahrungen machen müssen, verschwieg ihnen Jesus nicht: »Wenn sie mich verfolgt haben, werden sie auch euch verfolgen«. Leitworte sind nicht beliebig, sondern schaffen Konturen.

Das Wort meines Lehrers, die Schwächsten zur eigenen Aufgabe zu machen, hat mich von der Jugend in der Pfarrgemeinde zu den obdachlosen Jugendlichen in Wien und zu den Straßenkindern in Rumänien geführt. Eine Frau hat mich dreißig Jahre später an das Wort aus der Jugend erinnert. Sie hatte das Wort im Herzen bewahrt und wurde Therapeutin.

Wirksamkeit und Freundeskreis entscheiden sich an der Frage: Welche Worte prägen mein Leben und leiten mich?

Wenn sie mich verfolgt haben, werden sie auch euch verfolgen;
wenn sie an meinem Wort festgehalten haben,
werden sie auch an eurem Wort festhalten.

JOHANNES 15,20b

Die Schüler als gültige Zeugen des Lehrers

Auf wen kannst du verweisen, wenn nach deiner Überzeugung gefragt wird? Wo sind die jungen Leute, die deine Anliegen übernommen haben?

Ruth Zenkert

Wir sind der Chor von Ziegental!« Die Kinderschar schmettert ihr Lied. Den Text haben sie selber erfunden. Sie malen sich aus, wie sie mit der Musik die Welt erobern werden. Immerhin sind sie beim weihnachtlichen Singwettbewerb im Bezirk damit auf Platz 2 gekommen. Die Sieger hatten ihnen nur voraus, dass sie ein Folklorekostüm trugen. Vor zwei Jahren war es nicht vorstellbar gewesen, dass die verwahrlosten Kinder in Ziegental aus ihren Hütten herauskommen, geschweige denn ein Lied singen würden. Ihr Chorleiter ist Asirianu. Auch er hatte eine schwere Kindheit, er ist im Heim und auf den Straßen aufgewachsen. Eines Morgens stand in unserer Dorfmitte ein oranges kleines Zelt. Asirianu war uns aus Bukarest gefolgt, er wollte beim Roma-Projekt mitarbeiten. Wir nahmen ihn auf, er sollte den Kindern ein Lied beibringen. Er begann nicht mit dem üblichen Lied vom Zwerg im Wald, das alle langweilt, sondern wählte einen feurigen Hit, den alle aus dem Radio kannten. Die Kinder von Ziegental drängten in den »Asi-Chor«. Seine laute Stimme schien mir oft ungestüm, bis mir eine Musikerin sagte, dass eine »Metallstimme«, wie er sie habe, gesucht sei. Inzwischen trällern alle gerne Volkslieder, Asirianu übernimmt solo die Verse, die er spontan textet, die Kinder setzen ein beim Refrain. So bringt er alle zum Lachen – und zum Singen.

Der »Herr Professor« hat keine musikalische Ausbildung. Wenn er seine Hände auf und ab schaufelt, gleichen die Gesten eher einem Mühlrad als einem Chordirigenten. Doch die jungen Sänger folgen gebannt seinen Anweisungen. Sie öffnen weit den Mund, inzwischen treffen sie auch den richtigen Ton, sie wippen im Takt, laufen ihrem Meister hinterher. Manches junge Mädchen wagt in der Messe, für ihn eine Fürbitte zu sprechen, und läuft dabei rot an, die anderen kichern.

Auch für das Nachbardorf suchten wir eine Chorleiterin. Eine professionelle Musikerin meldete sich. Sie überzeugte mit zahlreichen Workshops und wissenschaftlichen Arbeiten, die sie gemacht hatte. Mit Stimmbildung und Atemübungen begann sie, die Roma-Kinder in die Musik einzuführen. Doch nicht einmal Schokolade konnte die Kinder verlocken, dabeizubleiben. Sie haben es zu keinem einzigen Lied gebracht. Wie anders läuft es da beim Chor in Ziegental! Von Asirianu springt der Freudenfunke über auf die Kinder und von ihnen auf die Zuhörer, bis alle mitklatschen, schwingen und singen.

Asirianu ist ein erstaunlicher Lehrer. Nicht seine Zeugnisse, nicht seine Biografie, sondern einzig seine Schüler und sein Unterricht sprechen für ihn. Die Schüler sind gültige Zeugen, wie bei Jesus. Das wusste der Hohepriester, als er Jesus befragte. Deshalb verwies Jesus auf seine Jünger und die Orte, an denen er die Schüler anwarb und sie lehrte.

Auf wen kannst du verweisen, wenn nach deiner Überzeugung gefragt wird? Wo sind die jungen Leute, die deine Anliegen übernommen haben?

Der Hohepriester befragte Jesus über seine Jünger und über seine Lehre.

JOHANNES 18,19

Die Wahrheit macht den Unterschied

Wie reagierst du in einer Extremsituation?
Was strahlst du aus?

Georg Sporschill

Schon lange hatte ich nichts mehr von Michaela gehört, das wunderte mich. Hatte ich sie gekränkt, oder war sie einfach nur viel unterwegs? Eines Tages rief sie an: »Hast du ein wenig Zeit?« Es war Sonntagnachmittag. Mit starker Stimme sagte sie: »Ich habe Krebs.« Das hatte sie in derselben Woche erfahren, mit der klaren Mitteilung, dass es keine Heilungsmöglichkeiten gebe. Erfahrungsgemäß habe sie noch zwei bis acht Monate zu leben. Sie berichtete, wie zunächst die scheinbare Bauchgrippe und dann häufige Beschwerden sie geschwächt hatten. Jetzt steht sie am Ende ihres Lebens. Sie wolle keine Chemotherapie machen, die ihr unter grässlichen Umständen vielleicht ein paar Tage mehr bescheren könne. »Sterben müssen wir alle einmal. Ich möchte alles abschließen und übergeben. Und mich von meinen Freunden verabschieden.« Sie wolle nicht, dass alle trauerten und klagten. Wenige Tage später besuchte ich sie. Sie hatte herrlich gekocht, wir tranken einen guten Weißwein. »Wenn ich auf mein Leben zurückschaue, bin ich nur dankbar für alles, was ich bekommen habe. Ich hatte ein schönes Leben. Gute Eltern, eine wunderbare Familie, wir hatten alles, was wir brauchten. Es war kein Krieg, wir mussten nicht flüchten. Ich bin reich beschenkt – und jetzt werde ich gehen.« Ja, selbst ihre schwierige Ehe war letztlich gelungen, wenn sie auch in die Brüche ging. »Du weißt, ich bin ein alter Heidenbeutel. Ich war nicht in der Kirche und fühle mich dort auch nicht zu Hause, darum will ich nicht auf dem Friedhof begraben werden. Aber ich wünsche mir, dass du mich beerdigst. Verstreut meine Asche im Garten.« Michaela war nie fromm gewesen und war auch jetzt im Anblick des Todes nicht fromm, aber sie hatte keine Angst.

Ich bewundere Michaela. Worin bestand ihre Stärke? Dass sie – mit dem Rücken zur Wand – sich selbst treu blieb. Und voller Vertrauen war. An dem vielleicht letzten Abend mit ihr strahlte sie die Botschaft aus, ohne sie auszusprechen: Gott ist verlässlich und treu. Sie war dankbar für ihr Leben. Auch in der ärgsten Not fühlte sie sich getragen. Michaela war wahrhaftig, würde die Bibel sagen. Das unterscheidet sie von Pilatus, der den gefesselten Jesus fragt: »Was ist Wahrheit?« Wo doch Jesus vor ihm die Wahrheit verkörpert. In ihm zeigt sich, dass Gott verlässlich und treu ist, auch wenn der Mensch schwach ist. Das erklärt die Würde, die der machtlose Jesus gegenüber dem feigen Machthaber ausstrahlt. »Wahrheit« ist ein Leitbegriff im Johannesevangelium – nicht als Philosophie im griechischen Sinn, sondern als Kraft von göttlicher Dimension. Wahrheit hat nichts mit Wissen zu tun, sie muss »getan«, gelebt werden (Johannes 3,21). Am Verhalten eines Menschen ist abzulesen, ob er »aus der Wahrheit« ist und für die Wahrheit »Zeugnis« ablegt (Johannes 5,33). Schließlich sagt Jesus von sich: »Ich bin die Wahrheit« (Johannes 14,6).

Feig und diplomatisch wie Pilatus, würdevoll wie Jesus, dankbar wie Michaela. Wie reagierst du in einer Extremsituation? Was strahlst du aus?

Pilatus sagte zu ihm: Was ist Wahrheit?
Nachdem er das gesagt hatte, ging er wieder zu den Juden hinaus
und sagte zu ihnen: Ich finde keine Schuld an ihm.

JOHANNES 18,38a

Ein Mensch, der andere zum Blühen bringt

Der Gärtner als Urbild der Führung. Er pflanzt, gießt, hütet, er entfernt auch das Unkraut.

Georg Sporschill

Als Polizeichef genoss Nicu in Marpod höchste Anerkennung. Natürlich war es ein Vorteil, sich mit ihm gut zu stellen, da er bei kleinen Vergehen Nachsicht zeigte. Er kannte jeden im Ort, und wenn einmal eingebrochen wurde, ahnte er, wer der Täter war, und kam ihm auf die Spur. Auch bei uns wurde einmal etwas gestohlen. Aber statt den Dieb zu bestrafen, redete er ihm geduldig zu, bis der Mann die Beute zurückbrachte. Inzwischen ist Nicu pensioniert. Jetzt betreibt er sein Hobby als Beruf: Er leitet eine kleine Baufirma. Mit uns baut er Häuser für arme Roma-Familien. Nicu ist nicht mehr Polizist, den Respekt der Leute hat er umso mehr, denn er ist ein guter Chef. Seine Mannschaft findet er in der Umgebung, alle sind froh, dass sie arbeiten können. In seinem Team sind jetzt nicht nur die Bauleute, sondern auch Väter von Familien, für die ein Haus gebaut wird. Das ist nicht immer leicht, denn sie haben nichts gelernt und brauchen viel Geduld, weil sie es nicht gewohnt sind zu arbeiten. Heute sind sie nicht da, morgen gehen sie früher, übermorgen gibt es Streit. Nicu bringt die Männer immer wieder zusammen. Burciu fehlte oft. Dann brauchte er Geld, weil seine Frau krank sei. Nicu gab ihm einen Vorschuss. Am nächsten Tag kam er nicht zur Arbeit. Nicu klopfte an seiner Tür, die Frau – quicklebendig – sagte, er sei nach Deutschland gefahren. Zwei Wochen später tauchte Burciu wieder auf, es sei nichts geworden in Deutschland, er habe gehofft, dort mehr zu verdienen. Nicu nahm ihn wieder auf, er forderte nicht einmal den Vorschuss zurück. »Er wird wachsen und ein zuverlässiger Arbeiter werden.«

Nicu ist in unserer schwierigen Gemeinde so etwas wie ein Gärtner. Ihn könnte Maria von Magdala gut nach Jesus fragen, so wie sie den Unbekannten am Grab Jesu fragte. Denn »sie meinte, es sei der Gärtner, und sagte zu ihm: Herr, wenn du ihn weggebracht hast, sag mir, wohin du ihn gelegt hast! Dann will ich ihn holen.« Falsch war ihre Annahme nicht. Sie hat Jesus nicht mit dem Gärtner verwechselt, sondern das richtige Bild für den Menschensohn gefunden, den Menschen, der von ihr das Unkraut – die Dämonen – entfernt hatte. Nach Paulus war Jesus tatsächlich ein Gärtner, eine Anspielung auf Adam, dem Gott den Garten Eden anvertraut hatte, »damit er ihn bearbeite und hüte« (Genesis 2,15). Auch Jesus soll einen Garten anlegen. Wie in Israel soll unter den Völkern eine neue Kultur entstehen, mit Menschenrechten und Schutz der Schwachen. Die neuen Pflanzen sollen Früchte tragen und viele ernähren. Die Welt braucht Gärtner.

Maria von Magdala hat im Gärtner Jesus erkannt. Ähnlich sehen unsere Kinder im Baumeister Nicu den Gärtner. Sie wollen ihn holen und berühren: den Menschen, der sie zum Blühen bringt.

Es ist ein Glück, in der Erziehung und in Leitungsfunktionen einem Gärtner zu begegnen. Er kennt die unterschiedlichen Böden. Er sät, pflanzt, hütet, und er entfernt auch das Unkraut.

Sie meinte, es sei der Gärtner, und sagte zu ihm:
Herr, wenn du ihn weggebracht hast, sag mir,
wohin du ihn gelegt hast! Dann will ich ihn holen.

JOHANNES 20,15b

Eine Grundgeschichte für die Therapie

Erfolge oder Misserfolge, starke oder missachtete Menschen – wer hat dich erhöht, wer hat dich erniedrigt? Was hat dir tiefe Beziehungen geschenkt und dich menschlich gemacht?

Georg Sporschill

Eine Freundin erzählte mir: »Zur Schule gingen wir oft einen Umweg, damit wir bei Grigo vorbeikamen. Grigo hatte das Downsyndrom. In unserer ruhigen Wohnsiedlung stand er oft mit ausgebreiteten Armen wie ein Polizist auf der Kreuzung und regelte den Verkehr. Er freute sich immer sehr, wenn Kinder kamen, denn dann hatte er endlich Kundschaft. Wir mussten dann selbstverständlich warten, obwohl kein Auto zu sehen war, bis er uns die Straße überqueren ließ. Dann aber schenkte uns der kräftige Bursche Sicherheit. Er rief uns noch ein paar Worte zu, sein frohes Lachen begleitete uns, und wir freuten uns schon darauf, ihn auf dem Rückweg wiederzusehen. Die Erwachsenen verlachten ihn, wir aber bewunderten ihn, weil er nicht in die Schule oder zur Arbeit gehen musste.

Jahre später stand meine Mutter vor der Frage, wie sie uns Kindern erklären sollte, dass die jüngste Schwester Downsyndrom hatte, krank war und eine Belastung für die ganze Familie. Ob wir sie ablehnen würden? Zum Staunen unserer Mutter fanden wir das toll – weil wir zu Grigo aufgeblickt hatten.«

Vom Blick hinauf erzählt eine Geschichte aus dem 4. Buch Mose (21,4–9). Das Volk zieht durch die Wüste und wird von Schlangen bedroht. Viele werden gebissen und sterben. Da fertigt Mose eine Fahnenstange und heftet daran eine eherne Schlange. Wer zu ihr emporschaut, für den sind die Schlangenbisse nicht tödlich, er überlebt und zieht weiter. Die Schlange besitzt eine doppelte Symbolik; einerseits ist sie ein Bild für Verführung, für Böses, andererseits aber auch das Symbol der Apotheker und der Heilung. In der Bibel ist sie den anderen Tieren darin überlegen, dass sie sprechen kann und weiß, wo der Baum der Erkenntnis steht. Wer sie mit dem Blick nach oben anschaut, wird gerettet. Das ist eine Grundgeschichte der Therapie. Nach oben schauen heißt, dass man sich öffnet, voller Hoffnung, zum Licht. So kann man Probleme lösen. Wer auf den Boden schaut, verschließt sich.

Die Erhöhung der Schlange wirft ein Licht auf die Kreuzigung Jesu. Er nimmt die Leiden und Sünden der Welt, für die die Schlange steht, auf sich und wird am Kreuz erhöht. Wer zu ihm hinaufschaut, erkennt in den eigenen Problemen die Chance, etwas zu lernen. Er wird im Leiden gestärkt und nicht zerstört, erhöht und nicht erniedrigt. Jesus schenkt den gefährdeten Menschen Hoffnung. Er richtet ihren Blick hinauf zu den übermenschlichen Möglichkeiten. Jesus, erhöht am Kreuz und erhöht zur Rechten Gottes, zieht Menschen an, die bedroht und erniedrigt sind. Er zieht sie empor. In seiner Nachfolge gab der behinderte Grigo einer Familie in der schweren Stunde Mut und Zusammenhalt.

Wann hat dich ein Leiden, eine Belastung gestärkt und dir neue Beziehungen eröffnet? Welches Kreuz wurde für dich zur Kommunikation, hat dich befreit aus Langeweile und Einsamkeit? Erfolge oder Misserfolge, starke oder missachtete Menschen – wer hat dich erhöht, wer hat dich erniedrigt?

Und ich, wenn ich über die Erde erhöht bin,
werde alle zu mir ziehen.

JOHANNES 12,32

Der Herausforderung in die Augen schauen

Wer übernimmt Führung? Wer ergreift das Wort?
Wo stellt sich jemand Problemen, um andere zu entlasten?

Ruth Zenkert

44 Jahre lang lebte meine behinderte Schwester Carolin mit unseren Eltern. Sie ging in eine Sonderschule und arbeitet nun in einer geschützten Werkstätte. Waren meine Eltern am Anfang in großer Sorge, so entwickelte sich bald ein wunderbares Miteinander. Vor allem, nachdem alle Geschwister aus dem Haus waren, brachte Carolin den Eltern junge Energie. Downsyndrom lautet der Name für ihre Beeinträchtigung. Sie lebt rein aus Gefühlen, das Rechnen und raffinierte Strategien liegen ihr nicht. Sie schenkt unglaublich viel Liebe, braucht diese aber auch. Für meine Mutter blieb sie das »Ninele«, für das sie alles erledigte: die Morgenwäsche, das Pausenbrot, Schuhe zubinden. Oft kritisierten wir, dass Carolin viel selbstständiger sein könnte. Sie ließ sich bedienen, half aber mit, wo die Eltern sich im Alter schwertaten. Freitagabends war zu Hause »Mitternachtsparty«. Zu dritt tranken sie eine Miniflasche Sekt und Carolin tanzte. Den Tag beschlossen sie mit einem Abendgebet, dem Psalm vom Guten Hirten, dann nannten sie alle Namen in und um die Familie, denen sie Gottes Schutz wünschten. Es gab allerdings auch Konflikte. Wenn Carolin etwas wollte, taten das die Eltern oft ab mit: »Das brauchst du jetzt nicht«. Sie musste sich fügen – und warten, bis wir zu Hause waren; dann war »alles erlaubt«. Wenn ich kam, legte sie ihre Wunschliste vor: Eis essen, Liebesfilm ansehen, Ausfahrt im Auto mit lauter Musik.

Unsere Eltern sind jetzt im hohen Alter. Carolin bemerkte die Veränderung. Beim immer länger werdenden Mittagsschlaf berührte sie die beiden: »Ich wollte nur schauen, ob ihr noch lebt.« Die Angst, wie das einmal werden würde, bedrängte uns mehr und mehr. Der Tod war für Carolin ein Thema, über das sie täglich redete. Als im Wohnheim der Werkstätte ein Platz frei wurde, fragte der Leiter, ob Carolin nicht kommen wolle. Das Vorstellungsgespräch bestritt sie selbst: »Mir geht's sehr gut daheim, aber die Eltern sind jetzt alt, und sie müssen sterben. Ich werde bei euch einziehen.« Wie sie vorher immer vom Tod geredet hatte, war jetzt die Wohngemeinschaft ihr Thema: Was nehme ich mit, wie wird das Frühstück, wer verbindet mein wehes Knie? Eines Abends verkündete sie: »Ich werde das Abendgebet heute allein in meinem Zimmer beten. Das muss ich jetzt üben.« Mit Schrecken zählte meine Mutter die weniger werdenden Tage bis zum Auszug. Würde Carolin den Mut verlieren? Doch nein, stolz zeigte sie uns ihr neues Zimmer und spielte ein Lied auf dem Keyboard, das wir ihr geschenkt hatten. Beim Abschied fragten wir, wie oft sie nach Hause kommen würde. Begeistert von der jungen Wohngemeinschaft bestimmte sie: »Am Geburtstag von Mama und an Weihnachten. Alt ist alt.«

Der Mut meiner Schwester lässt mich an den Augenblick denken, an dem Jesus den Garten Getsemani verlässt und sich seinen Gegnern stellt. Meine Schwester, die 44 Jahre lang von den Eltern behütet wurde, hat den Schutz verlassen, um die Eltern im Alter zu schützen. Sie ist in die Selbstständigkeit getreten, um die anderen zu entlasten.

Wenn ihr mich sucht,
dann lasst diese gehen!

JOHANNES 18,8

Auch das Scheitern hat einen Lichtblick

Im Erfolg die Treue zu halten ist leicht.
Auch das Scheitern hat eine Botschaft.

Georg Sporschill

Bis nach Wien hatte es Romeo, das Straßenkind aus Bukarest, geschafft. Er war zu seiner Freundin gezogen und wollte ein neues Leben beginnen. Zu Hause war er immer tiefer in die Drogenszene geraten, oft in Schlägereien verwickelt gewesen und im Jugendgefängnis gelandet. Danach fand er in unser Sozialzentrum. Ein liebenswürdiger und hilfsbereiter junger Mann, doch wenn er unter Drogen stand und seine Muskeln zeigte, fürchteten sich alle vor ihm. In Wien war er weit weg von seiner schweren Vergangenheit, die Liebe motivierte ihn zu einem bürgerlichen Leben. Doch bald ging er nicht mehr in den Sprachunterricht, fand falsche Freunde und sank wieder hinab in die Drogenwelt. Nachdem er die Wohnung der Freundin kurz und klein geschlagen hatte, konnte sie sich nur mithilfe der Polizei vor ihm retten.

Unlängst fuhr ich mit meinen Freunden aus dem Roma-Dorf über die Karpaten in meine »alte Pfarrei«. So nannte ich vor 25 Jahren die Gegend um den Bukarester Nordbahnhof. Tausenden Straßenkindern bin ich dort begegnet, viele wurden gerettet. Drei von ihnen sind meine wichtigsten Mitarbeiter geworden und begleiteten mich in die alte Welt. Das Bahnhofsgelände war nicht mehr wiederzuerkennen. Wo früher nur ein Kebab-Stand war, reihen sich heute Fastfood-Lokale aneinander. Die Kanaldeckel sind zugeschweißt. Wo sich die Straßenkinder tummelten, ist jetzt eine OMV-Tankstelle. Eine dunkle Ecke gibt es noch, gegenüber dem Blumenstand, an dem heute noch eine dicke Roma-Frau Rosen und Nelken verkauft. Die Ecke ist mit Brettern zugenagelt, damit niemand hineinsieht. Durch eine Lücke schlüpfen wir hinein. Hier hausen die letzten Kinder der Straße. Heute sind sie über dreißig Jahre alt, doppelt so alt sehen sie aus. Viele Male sind sie aus Sozialzentren, Kinderhäusern, Wohngruppen hinausgeflogen, weil sie es nicht geschafft haben. Ana setzt gerade am Knöchel eine Spritze an, weil an den dünnen Armen keine Ader mehr zu finden ist. Dann kommt Romeo auf mich zu, unter spastischen Zuckungen, gekrümmt, keine muskulösen Arme mehr. Er will mich umarmen, fuchtelt aber nur ziellos in der Luft, bis ich ihn halten kann. Mehr als sein Name kommt mir nicht über die Lippen. Eine Schar liegt und stolpert herum, verlorene Kinder. Die meisten von ihnen haben keine Wünsche mehr. Nur Romeo will noch heraus. Ich löse mich von ihm, der noch an mir hängt, und krieche aus dem Verschlag. Wieder in der sauberen Stadt, spüre ich das Brennen in meinem Herzen.

An dieser Verlorenheit ist nichts zu erklären und nichts zu beschönigen. Und doch ist darin ein Lichtblick. Es gibt Menschen, die unheimliche Liebeskräfte wecken. Sie zerbrechen daran, aber sie sind nicht verloren. Ihre Sehnsucht hat sich in dieser Welt nicht erfüllt. Aber es bleibt das Band der Liebe.

Jesus hält fest an seinen zwölf Schülern und ganz besonders am »Sohn der Verlorenheit«. Er ist ihm am nächsten, und mit ihm all jene, die vom Schicksal überfordert wurden. An uns liegt es nicht, die Schuldfrage zu stellen, sondern die Liebe zu spüren.

Ich habe keinen von denen verloren,
die du mir gegeben hast.

JOHANNES 18,9

Der Mensch im Hintergrund

Wer ist in deinem Leben derjenige, dessen Name nicht genannt werden muss? Er knüpft das Beziehungsnetz, das dich trägt. Er begleitet dich unauffällig.

Ruth Zenkert

Auf der Küchenbank saßen zwei schmächtige Kinder, ein Bub und ein Mädchen; alle anderen waren nach Hause gegangen. Am nächsten Morgen würden sie wiederkommen, in die Musikschule, zum Abendgebet, zum Essen. Für viele ist es daheim nicht leicht, es ist oft kalt, weil sie wenig Holz haben, und in den kleinen Hütten ist kaum Platz. Zana und Ionut senkten den Blick unter den Tisch, als wollten sie sich unsichtbar machen. Bei ihnen war noch der Begleiter mit den struppigen Haaren, der sie gebracht hatte. Er zog mich hinaus in den Hof, um zu erklären, dass die beiden in dieser Nacht nirgends hin könnten. Aber Rada, die Mutter? Sie sei gestern Nacht wieder verschwunden. Und der Vater? Zwei Väter hätten sie, nicht einen. Der eine sei in Frankreich, den anderen kenne man nicht. Und die Großmutter, Tanten, Onkel? Zu ihnen dürften sie nicht, weil sie aus einer anderen Schatra – Familienzweig – seien. Florin, der junge Mitarbeiter, selbst Roma, fand sich als Einziger zurecht im Durcheinander der Verwandtschaft: die zwölf Kinder der Großmutter, wer mit wem verheiratet war, wer nicht mehr, von wem welche Kinder stammten. Sehr kompliziert. Jetzt verstand ich manche Zusammenhänge im Dorf. Manchmal fragte ich mich, was dieser Mitarbeiter den ganzen Tag tat. Er ging überall ein und aus, kannte alle, wusste alles. Aber löste er auch Probleme? Jetzt erkannte ich, dass er es war, der in der Schatra vermittelte, wer sich um Zana und Ionut zu kümmern hatte, wenn die Mutter weg war. Für diese Nacht wollte er sie in sein eigenes Zimmer aufnehmen. Besser wäre es natürlich, wenn die Kinder ganz bei uns bleiben könnten, legte er mir nahe. Er hatte schon zwei Zahnbürsten und Schlafsäcke organisiert. Wir gingen zurück in die Küche, wo Zana und Ionut spielten, als wären sie schon immer bei uns zu Hause gewesen. Wir fanden einen Platz, Florin war bei ihnen, bis sie einschliefen. Dann klopfte er an mein Fenster und machte ein Zeichen: Danke!

Zu danken habe ich dem jungen Mann. Sein Name taucht in unserem Organigramm gar nicht auf, und doch ist er unser wichtigster Sozialarbeiter. Ähnlich wie »der andere Jünger«, dessen Namen das Evangelium übergeht, wenn es die Szene beim Haus des Hohepriesters beschreibt, in dem Jesus gefangen gesetzt ist. Von Petrus heißt es, er sei draußen am Tor stehen geblieben. Vom namenlosen Jünger wissen wir, dass er ein Bekannter des Hohepriesters ist und mit der Pförtnerin des Hauses vertraut. So kann er seinen Chef Petrus einschleusen. Es handelt sich wohl um den Schüler, von dem es heißt, dass Jesus ihn liebte. Einfühlsam knüpft er das Beziehungsnetz, das Jesus noch hat. Unter dem Kreuz wird sich zeigen, dass neben Johannes die Frauen am stärksten zu ihm halten.

Wer ist in deinem Leben derjenige, dessen Name nicht genannt werden muss? Er knüpft für dich ein Beziehungsnetz, das dich trägt. Er begleitet dich unauffällig.

Petrus aber blieb draußen am Tor stehen.
Da kam der andere Jünger, der Bekannte des Hohepriesters, heraus;
er sprach mit der Pförtnerin und führte Petrus hinein.

JOHANNES 18,16

Der Einsatz für andere ist gefährlich

Wo wurde ich aus meiner Welt herausgerissen und in eine andere Welt hineingezogen?

Ruth Zenkert

In Anzug und weißem Hemd erschien der junge Lehrer zum Vorstellungsgespräch. Die Krawatte hatte ihm wohl ein anderer umgebunden, er fühlte sich sichtlich unwohl in der Verkleidung. Wir suchten einen guten Pädagogen für unser Kinderhaus, er wiederum wollte eine neue Herausforderung. Das konnten wir ihm bieten und so arbeitete er schon am nächsten Tag als Erzieher. Schnell hatte er die Herzen unserer Kinder gewonnen und bald zeigte sich, dass er sich besonders liebevoll um die Schwierigen bemühte. Als wir Jahre später ein Sozialzentrum für die Jugendlichen von der Straße eröffneten, fragte ich Costin, den Lehrer – nun in Jeans und Kapuzenpulli –, ob er nicht helfen könne. Costin war schwer von seinen Schützlingen wegzubringen, aber ihn reizte die Aufgabe, sich um die zu kümmern, die es in kein Kinderhaus geschafft hatten. Im Sozialzentrum sahen wir ihn allerdings selten, denn er war immer auf der Straße, bei den Drogensüchtigen, im Kanal. Er nahm ihren Geruch an, er stieg immer tiefer zu ihnen hinunter. Da viele Schützlinge im Gefängnis landeten, begann er dort mit einem Besuchsprogramm. Nach kurzer Zeit bekam er die Schlüssel der Wächter und ging auch dort ein und aus. Dann aber bekam er Probleme mit seiner jungen Frau, die er gerade erst geheiratet hatte. Sie wünschte sich einen erfolgreichen Mann – und Costin brachte Läuse und Flöhe mit nach Hause.

Costin war »einer von der Straße« geworden. Seine Frau und die ehemaligen Kollegen konnten nichts mehr mit ihm anfangen. Er war in eine andere Welt hineingezogen worden.

Ein harter Übergang, wie bei Jesus in der dramatischen Nacht, die mit dem Sedermahl, dem jüdischen Abendmahl zu Ostern, begonnen hatte und nun im heidnischen Palast des Pilatus zu Ende ging. Jesus hatte in seiner ganzen Tätigkeit auf die heidnische Welt hingearbeitet. Die Menschen, die im Dunkeln lebten, lagen ihm am Herzen. Ihnen wollte er Licht aus dem Judentum bringen, Führung und Schutz durch den Einen Gott. Nun war er selbst dieser Welt ausgeliefert. Im Prätorium, dem unteren Herodespalast, stand er zur ersten Stunde des Gerichts allein vor Pilatus, dem römischen Statthalter. Ausgeliefert von den religiösen Autoritäten und in jene Welt geworfen, der sein Herz gehörte. Jetzt gab es kein Zurück mehr. Es folgten die Verurteilung und der Weg ans heidnische Kreuz.

Hier interpretiert das Johannesevangelium das Sedermahl, bei dem an die Befreiung aus der Sklaverei erinnert wird, als Abendmahl, bei dem Jesus sich selbst für die Befreiung der Menschen, die im Dunkel gefangen sind, hingibt. Für Jesus ist es der Übergang vom Judentum ins Heidentum. Neben der Synagoge wird durch seine Hingabe die Kirche für die Menschen aus den Völkern entstehen.

Der schlichte Sozialarbeiter Costin war auf die Straße geraten, wurde gleichsam von der »schlechten Gesellschaft« verschluckt, wie Jesus von der Heidenwelt.

Wir leben in verschiedenen Welten, in der des Geschäfts, der Schule, der Obdachlosen, der Flüchtlinge, der Familie. Wo erkenne ich in meinem Leben Übergänge, die für andere zum Heil wurden?

Von Kajaphas brachten sie Jesus zum Prätorium;
es war früh am Morgen.

JOHANNES 18,28a

Das Experiment, einen Toten zu berühren

Sich einer Toten und der Trauerfamilie zu nähern braucht Überwindung. Was aber bringt es?

Ruth Zenkert

Mach noch ein Foto mit allen dreien!« Also gut, Adi und Augustin und Ramona sollten auf das Bild. Ramona lag in der Mitte, tot im Sarg. Augustin streichelte ihren Kopf und küsste sie aufs Haar, drückte ihre gefalteten Hände. Dann wurde er weggedrängt, auch andere wollten noch ein Foto machen. Drei Tage lag das Mädchen aufgebahrt in unserer Garage im Hof des Sozialzentrums, Tag und Nacht umringt von vielen Freunden und Freundinnen von der Straße. Ramona war vom Leben im Kanal und den Drogen krank geworden und hatte es nicht mehr geschafft. Viele kamen, brachten Kerzen und saßen um sie, trösteten einander, weinten, lachten, erzählten Erlebnisse mit Ramona. Es gab zu essen, sie tröpfelten ihr – nach hiesigem Brauch – Wein in den Sarg, auch ein Stück Kuchen lag dort. Sie dankten ihr, beteten – und machten Fotos. Die vielen Kerzen leuchteten die ganze Nacht, auch in den Gang des Sozialzentrums. Die ausländischen Volontäre taten sich sehr schwer mit dieser Art von Abschied. Sie wagten sich nicht zu der Toten hin, ja selbst wenn sie über den Gang im Haus liefen, hielten sie die Hand vor die Augen, um nicht den furchterregenden Anblick der Leiche und der Kerzen ertragen zu müssen. Nach drei Tagen war das Begräbnis. Bei den Volontären blieben Angst und Trostlosigkeit zurück, während die Freunde von der Straße zwar unter Tränen den Sarg in die Erde hievten, aber mit Ramona im Herzen weiterlebten.

Die Straßenkinder ließen mich an Josef von Arimathäa denken, obwohl sein sozialer Status nicht ihnen, sondern den Wohlstandskindern näher war. Er war reich (Matthäus 27,57), politisch ein wichtiger Mann, »ein vornehmes Mitglied des Hohen Rats, der auch auf das Reich Gottes wartete« (Markus 15,43), ein Idealist aus guter Gesellschaft. Er als Jude hatte den Mut, zur römischen Besatzungsmacht zu gehen, weil er den Leichnam Jesu abnehmen wollte. Jesus war zwischen den jüdischen und römischen Mächten aufgerieben worden, von beiden Seiten ausgestoßen und geopfert.

Josef von Arimathäa war nur im Verborgenen ein Jünger Jesu gewesen, weil er Angst hatte – vor den Juden, weil sie mit diesem Messias nichts zu tun haben wollten, vor den Römern, die in Jesus einen Umstürzler sahen. Was bewegte den vornehmen Mann zu seiner provokanten Tat? Er konnte das Leben Jesu nicht mehr retten und bloß das eigene Leben gefährden, nur Kopfschütteln oder Feindschaft konnte er ernten. Jetzt aber im Tod, da die Politik keine Rolle mehr spielte, riskierte dieser Mann sein Leben, um den Leichnam zu ehren. Wie die Loser von der Straße, die in der von Drogen entstellten Leiche des Mädchens eine Würde zum Vorschein brachten, die den Abgrund des Todes überstrahlte. Kein Zweifel, diese Verbundenheit bleibt.

Sich einer Toten und der Trauerfamilie zu nähern, braucht Überwindung. Auch einem sterbenden oder ausgestoßenen Menschen sich zu nähern, verlangt Mut. Und bringt höchstens Schwierigkeiten. Die Berührung des Todes aber macht einen Glanz sichtbar, den nur die Liebe hat.

Josef aus Arimathäa war ein Jünger Jesu …
Er bat Pilatus, den Leichnam Jesu abnehmen zu dürfen,
und Pilatus erlaubte es.

JOHANNES 19,38

Das Fest fällt nicht vom Himmel

Freude lässt sich nicht herstellen und befehlen, doch vorbereiten. Wie schaut der Tag vor dem Fest aus?

Ruth Zenkert

Es war ein langer Tag gewesen. Alle zogen sich am Abend früh zurück, um ausgeschlafen zu sein für das große Ereignis. Die katholische Kirche in Hosman war viele Jahre leer gestanden und ziemlich heruntergekommen. Mithilfe unserer Jugendlichen und Bauleute aus dem Dorf hatten wir sie renoviert, Fundamente trockengelegt, Wände gestrichen, Elektroleitungen verlegt. Unsere Tischlerlehrlinge hatten neue Bänke angefertigt und den maroden Holzaltar restauriert. Heute war die Kirche eingerichtet worden: die neuen Bänke aufgestellt, das Kreuz und Statuen montiert, Blumenschmuck gebracht. Es wurde geputzt, das Altartuch gewaschen und gebügelt, Musik geprobt, die Leute im Dorf eingeladen, gebacken. Viele hatten schwer gearbeitet. Müde schaute ich aus dem Fenster in die dunkle Nacht. Morgen würde der erste Gottesdienst in der Kirche stattfinden! Da sah ich, dass im Mitarbeiterzimmer noch Licht brannte. Ich ging hinüber. Da saß Florin über der Bibel und las laut vor sich hin. Mit dem Zeigefinger fuhr er jedem Wort nach und mühte sich Buchstabe für Buchstabe. Florin ist auf der Straße aufgewachsen und konnte bis vor Kurzem nicht lesen. Er sagte, dass er mit der Bibel jeden Tag lesen lerne. Er suchte Gedanken für die Predigt, denn das war morgen seine Aufgabe. Aufgeregt ging er im Zimmer auf und ab. »Ich möchte allen im Dorf etwas sagen, damit sie positive Energie bekommen.« Als ich später hinüberschaute, brannte immer noch Licht. Am nächsten Tag war die Kirche voll. Florin las mit starker Stimme das Evangelium. Dann sagte er seine Gedanken dazu, einfühlsam formuliert für die Leute, die vor ihm saßen. Arme, Kranke und Alte, Mütter mit Kindern – Menschen aus der verwahrlosten Roma-Siedlung, die nach allem hungerten. Florin gewann die Herzen der Menschen. Die Vorbereitung hatte sich gelohnt.

Am Freitag haben Juden viel zu tun, um sich auf den Sabbat vorzubereiten. In früheren Zeiten wurden die Leute um drei Uhr mit Trompetensignalen erinnert: Beginnt mit den Vorkehrungen! Die Mütter kochen, suchen die Festkleidung heraus, es wird geputzt und dann, wenn die Sonne untergeht, werden Lampen und Kerzen angezündet. Der Tag, an dem Jesus starb, war ein solcher »Rüsttag«, und zwar ein besonderer. Es war der Tag vor Pessach, aus dem unser Osterfest wurde. Da gab es viel zu tun im Haus, sogar besonderes Geschirr war hervorzuholen. In dieser Zeit des Zurüstens stirbt Jesus. Sein Tod ist wie die Vorbereitung auf das Fest, auf das Fest der Erlösung. Leiden und Mühen dieses Tages sind nicht das Letzte, sondern machen Ostern möglich.

Außer dem Zeitpunkt des Begräbnisses ist bemerkenswert, dass das Evangelium den Namen Jesus am Beginn (Johannes 18,1) und am Ende des Berichts über sein Leiden nennt. Der Name ist das Programm, er bedeutet »Gott rettet«. Die Erlösung fällt nicht vom Himmel, sie ist ein langer Weg. Die Auferstehung folgt auf den Rüsttag. Auch unser Fest wäre nicht gelungen, hätten nicht so viele dafür gearbeitet. Und hätte nicht Florin die ganze Nacht das Lesen geübt.

Wegen des Rüsttages der Juden
und weil das Grab in der Nähe lag, setzten sie Jesus dort bei.

JOHANNES 19,42

Traurigkeit in der Liebe

Welcher Punkt führt in die Tiefe einer Beziehung?
In jene Tiefe, aus der die Fähigkeit zur
Verantwortungsübernahme kommt.

Georg Sporschill

15 Jahre verheiratet, drei Kinder – eine traumhafte Familie. So schien es. Eines Tages erfuhr ich, dass Andreas ausgezogen war. Ich rief ihn an. »Können wir reden, brauchst du Hilfe?« Andreas, der immer in Glück und Erfolg gebadet hatte, war zutiefst gekränkt: »Sie hat mit einem schwindligen Typen ein Verhältnis! Sie ist verliebt und weiß nicht, was sie tun soll. Sie will uns nicht verlassen, hat mir alles gestanden und bittet um Verzeihung. Ich kann mit ihr nicht mehr leben. Und meine Kinder? Ich weiß es nicht.« In langen Gesprächen fragte ich ihn, was die Ursache sein könnte, dass seine Frau Nähe bei einem anderen gesucht hatte. »Vielleicht bist du durch deinen anspruchsvollen Beruf einfach zu wenig zu Hause«, vermutete ich. »Denke darüber nach, was du tun kannst, um sie zurückzugewinnen.« »Ich will sie nicht mehr«, war seine Antwort. Erst nach einigen Monaten konnte ich beide gemeinsam treffen. Sie brachten die Kinder mit. Die Kommunikation zwischen den Eheleuten ging über die Kinder: Frag die Mama, ob sie noch einen Kaffee will. Sag dem Papa, dass ich kurz etwas einkaufe. Ich verstand, warum sie gegangen war. Ich verstand, dass er gekränkt war. Ich verstand, dass beide ratlos waren. Und dann zog Andreas wieder zurück zur Familie. »Ist alles wieder, wie es war?«, fragen seine Freunde. »Nein«, sagt Andreas. »Ich habe meine beruflichen Aktivitäten verändert, bin einen Abend und am Wochenende zu Hause. Wir unternehmen viel gemeinsam, ich genieße es.« Auch die Beziehung zu seiner Frau habe sich

verändert, sagte Andreas. »Ich weiß, dass sie gegangen ist und vielleicht wieder gehen kann. Bin mir nicht mehr so sicher, dass sie mir gehört. Ich muss täglich um sie werben. Dadurch sind wir stärker verbunden als vielleicht jemals zuvor. Sie ist die Mutter unserer Kinder und meine Partnerin. Auf einem verdammt spannenden Weg.«

Es gibt keine Liebe ohne Traurigkeit. So wie der biblische David um seinen geliebten Sohn trauerte, der ihn verriet und dann von seinen eigenen Leuten ermordet wurde. Jesus musste zur Kenntnis nehmen, dass ein begabter junger Mensch, den er für sein Werk gewinnen wollte, seine Einladung nicht annahm. Traurig gingen sie auseinander, ohne dass Jesus ihm einen Vorwurf gemacht hätte. In der bitteren Stunde war Jesus allein. Gerade dann, als er die Nähe seiner Jünger gebraucht hätte, waren sie eingeschlafen. Und Petrus hatte ihn verleugnet. Später sollte Jesus ausgerechnet ihm sein Werk anvertrauen.

Wie stark eine Liebe ist, zeigt sich da, wo es schwierig wird. Jesus vertraut seine Gemeinde nicht einem Perfekten an, sondern einem, den er liebt, so wie er ist. Die Fehler sind nicht weggewischt. Ein Schmerz erinnert an die Schwäche. Die Unsicherheit bleibt.

Ich hätte Angst vor jemandem, der seine Fehler verleugnet. Ich kann mich jemandem anvertrauen, der unter seinen Fehlern leidet. Liebe, die die Traurigkeit kennt, wird eine tragfähige Partnerschaft.

Da wurde Petrus traurig,
weil Jesus ihn zum dritten Mal gefragt hatte:
Liebst du mich?

JOHANNES 21,17b

Das Gemeinsame von Judas und Johannes

Was ist das Geheimnis deines Herzens,
das du weitergibst?

Georg Sporschill

Unsere besten Musikschüler waren in Wien und hatten ein Konzert gegeben. Roma-Musik mit feurigem Rhythmus, der alle mitgerissen hatte. Nun waren sie glücklich und erschöpft. Ich lud sie zu einem Abend im Prater ein, das war ihr großer Traum gewesen. Glücklich zogen die jungen Helden in den Vergnügungspark. Mit Julian, einem Praktikanten, blieb ich zurück. Wir setzten uns ins Schweizerhaus auf ein Bier. Der junge Mann überraschte mich mit seinem Interesse an unserem Orden. »Ist das jesuitisch? Deine Großzügigkeit. Hast du die glücklichen Gesichter gesehen?« Ich dachte nach und mir fiel das Gebet des Ignatius ein: »Herr, lehre mich die wahre Großmut. Geben, ohne zu zählen …« Unser Ordensgründer betont die Großherzigkeit. Mit uns, mit Gott, mit anderen. Aber ich dachte auch an einen Moment aus meiner Kindheit, der mir jetzt noch deutlicher vor Augen stand als die Anweisungen des Ignatius. »Das ist nicht nur jesuitisch, das habe ich von meinem Vater«, vertraute ich meinem jungen Freund an. »Als kleiner Bub stand ich neben ihm, als er auf einer Baustelle seinen Mitarbeitern zuschaute. Da winkte er Heribert zu sich, der mit einem riesigen blauen Bagger einen Graben aushob. Der Maschinist stellte den Bagger ab und eilte herbei. Mein Vater zog aus seiner Brieftasche hundert Schilling und überreichte sie dem Baggerfahrer. Der traute seinen Augen nicht. Mit strahlendem Gesicht kletterte er wieder in den Führersitz hinauf. Großzügig sein, anderen mehr zutrauen – das hat mir mein Vater mitgegeben. Ich möchte auch so sein.«

Was ist das Geheimnis deines Herzens, das du weitergibst? Auf diese Frage zielt das Johannesevangelium im Finale. Da richtet sich der Blick noch einmal auf die zwei Hauptfiguren des Werkes, auf Petrus, dem Jesus unter den Zwölf die Führungsaufgabe anvertraut, und auf Johannes, den Lieblingsschüler. Das stärkste Bild ist das Abendmahl, bei dem er am Herzen Jesu liegen darf. So wie Jesus, der Messias, am Herzen Gottes liegt. Dieser Schüler, der Jesus am nächsten ist, stellt die eine Frage: Herr, wer ist es, der dich ausliefert? Mit dieser Frage beschreibt Johannes im Schlussakkord des Evangeliums seine eigene Aufgabe, die der des Judas, des Überlieferers, gleichkommt. Johannes hat Jesus ins Wort gefasst, in ein geistliches Evangelium, das die Tiefendimensionen des äußeren Geschehens, wie es in den anderen Evangelien beschrieben ist, offenbart. Er schenkt Jesus, den Messias, den Völkern, wie es Judas bei der Übergabe an Pilatus getan hat. Judas und Johannes überliefern Jesus der Nachwelt. Sie schenken uns den Messias, der aus dem Judentum kommt.

Auch wir sind in die Frage einbezogen: Herr, wer ist es, der dich überliefert, weitergibt, den Kindern von dir erzählt? Wem schenkst du, was du empfangen hast?

Petrus wandte sich um und sah den Jünger folgen,
den Jesus liebte und der beim Abendmahl an seiner Brust gelegen
und ihm gesagt hatte: Herr, wer ist es, der dich ausliefert?

JOHANNES 21,20

Der Abschied zeigt, ob die Liebe gesund war

Es gibt Lieblinge. Sie werden verwöhnt.
Sie werden beneidet. Die Frage ist: Was wird aus ihnen?

Ruth Zenkert

Eines der ersten Straßenkinder, denen ich in Rumänien begegnete, war Iulian, ein kleiner Wilder, der sich selbstsicher im Untergrund von Bukarest zurechtfand. Er kam in unser Kinderhaus, lief aber oft wieder weg, weil die Verlockungen der Freiheit auf der Straße zu stark waren. Das große Fußballspiel im Stadion war spannender als warme Milch zum Frühstück. Doch Iulian kam immer wieder zurück, bis er blieb. Er überstand mühsam die Schule, eine einfache Berufsausbildung und begann zu arbeiten. Auch da brauchte er viele Ansätze und oft eine Fürsprache beim Arbeitgeber, wenn er wieder einmal gescheiter zu sein glaubte als sein Chef. Iulian war mein besonderer Schützling. Seinen Freunden erzählte er, dass ich seine wahre Mutter sei. Als ich Bukarest verließ, war er der Erste, der alles liegen und stehen lassen wollte, um mitzugehen. Ich zögerte es hinaus, bis wir eine Möglichkeit fanden, dass er im neuen Werk mitarbeiten konnte. Er war fleißig, und ich genoss seine Gegenwart. Abends saßen wir im Garten, um uns herum Kinder und Freunde aus dem Dorf. Die kleine Gemeinschaft wuchs. Auch Iulian. Würde es immer so sein? Es wäre schön, wenn wir zusammenbleiben könnten.

Dann kamen neue Aufgaben. Iulian half in einem anderen Dorf beim Aufbau des Sozialzentrums. Aus der Ferne machte ich mir viele Sorgen: Ob er seinen Wecker stellte? Ob er wusste, mit wie viel Grad er die Pullover waschen musste? Würde er sein Geld so einteilen, dass es bis zum Monatsende reichte? Hatte ich meinen Liebling zu sehr verwöhnt und umsorgt? Er schlug sich durch, wenn auch manches für mich schmerzhaft war. Eines Tages zog er in die Stadt, um dort zu arbeiten. Er lebt in einem einfachen Zimmer, vieles, was es bei uns gibt, hat er nicht mehr. Aber er ist selbstständig. Hat eine Freundin. Schafft sein Leben.

Eine berühmte Geschichte eines Lieblings erzählt das Buch Genesis. Der Stammvater Jakob verwöhnte Josef, der ihm in hohem Alter von seiner geliebten Rahel geboren worden war. Jakob schenkte Josef einen besonders schönen Rock, wie ihn keiner der Brüder bekam. Sie wurden so ärgerlich, dass sie den Lieblingssohn des Vaters in eine leere Zisterne warfen. Josef wurde von Kaufleuten gefunden und an eine Karawane verkauft. Aus dem verwöhnten Kind wurde der ägyptische Josef, der die Großfamilie vom Hof des Pharao aus schließlich rettete. Vorher aber stand der Vater unsägliche Qualen und Zweifel durch. Was mochte aus seinem Sohn geworden sein, dem er sein ganzes Herz geschenkt hatte?

Möglicherweise war auch Petrus, wie Josefs Brüder, ein wenig eifersüchtig, als er Jesus nach dessen Liebling fragte: Herr, was wird denn mit ihm? Dabei musste ich an meinen Liebling Iulian denken. Auch auf ihn schauten viele eifersüchtig, und ich hatte unruhige Nächte mit der Frage, was aus ihm werden würde. Die Zukunft wird zeigen, ob der Liebling selbstständig wird, was die Liebe hinterlassen hat.

Es gibt Lieblinge. Sie werden verwöhnt. Sie werden beneidet. Die Frage ist: Was wird aus ihnen?

Als Petrus diesen sah, sagte er zu Jesus:
Herr, was wird denn mit ihm?

JOHANNES 21,21

Wo ist die Grenze zwischen Transparenz und Diskretion?

Das neue Jahr braucht den Raum der Geborgenheit, um grundsätzliche Veränderungen zu ermöglichen.

Ruth Zenkert

Bevor ich Sozialarbeiterin wurde, machte ich eine Ausbildung als Programmiererin und arbeitete in einer Bank. Dann suchte ich den Ausstieg und stieß auf das Angebot einer dreimonatigen Bibelschule in Israel. Das Leben in einer Gemeinschaft und das Studium der Bibel waren genau das, wonach ich mich gesehnt hatte. Ich fragte in der Personalabteilung der Bank, ob ein Urlaub möglich sei – nein, ich musste kündigen. Als meine Eltern von meinen Plänen erfuhren, entfachte sich ein Wirbelsturm an gut gemeinten Gesprächen. Wie kann man so einen guten Job hinwerfen? In Israel ist es gefährlich! Was machst du nach den drei Monaten, es gibt kein Zurück in die Bank? Das schreckte mich nicht ab, denn ich träumte von einer Arbeit ganz nah bei den Menschen, um die sich niemand kümmerte. Das klang für alle utopisch. Doch mein Entschluss stand fest, obwohl ich ihn am Anfang sogar vor meiner Familie verschweigen musste. Mit immer weniger Leuten konnte ich noch offen reden, bis auf einen einzigen Kollegen in der Bank, der verstand, wohin ich wollte. In der Zeit darauf wurde es einsam um mich, als ich die neuen Pläne schmiedete.

Damals schwankte ich in meinen Gefühlen. War es fair, dass ich mit meinen Eltern und mit besten Freunden nicht mehr über meine Pläne geredet hatte? Ich hatte meinen Entschluss lange geheim gehalten. Warum eigentlich? War ich zu feig, um dazu zu stehen, oder war ich auf dem Holzweg und scheute deshalb das offene Gespräch? Es war wie die Vertreibung aus dem Paradies. Die Geborgenheit der Kindheit war dahin. Der Versuch meiner Umgebung, an mich heranzukommen, klang wie der Ruf: Adam, wo bist du? Eva, wo bist du? Sie hatten sich aus Furcht versteckt, weil sie erkannt hatten, dass sie nackt waren. Sie hatten vom Baum der Erkenntnis gegessen und waren erwachsen geworden – mit allen Folgen. Jetzt mussten sie selber Verantwortung tragen.

An diesem Punkt ist Jesus angekommen. Er kündigt der Menge an, dass die strahlende Bewegung nun in die Dunkelheit der Einsamkeit übergeht. »Dies sagte Jesus. Und er ging fort und verbarg sich vor ihnen.« Warum? Er baut ein neues Werk auf, das die Konservativen überfordert. Er gründet eine neue Gemeinschaft, in der die Fremden und Suchenden das Sagen haben. Die meisten Frommen, zu denen er gehört, wird das überfordern. Jetzt kommt es ganz auf seine innere Stärke an. Der Kreis wird klein, mit dem er noch reden kann. Er verbirgt sich vor der Menge, um einerseits die guten Menschen ihren Weg gehen zu lassen, andererseits seine Pläne weiterzuentwickeln.

Wenn ich etwas Neues beginne, gibt es nur wenige, mit denen ich darüber sprechen kann. Ich kann meine Gedanken und Pläne nicht jedem zumuten, schon gar nicht denen, von denen ich weggehen werde. Es wird Missverständnisse und Unverständnis geben. Diskret und einsam muss ich meine Entscheidungen treffen. Nur im engsten Kreis kann ich Ideen entwickeln.

Im Raum der Geborgenheit kann Neues entstehen und können Abenteuer beginnen. Wo sind die Grenzen der Transparenz? Wo braucht es Diskretion?

Dies sagte Jesus. Und er ging fort und verbarg sich vor ihnen.

JOHANNES 12,36b

Das Potenzial erhöhen

Wer zurückbleibt, muss sich schützen. Wer geht, braucht Freiraum. Wie verhält sich das Alte zum Neuen?

Georg Sporschill

Als ich Kaplan in einer Wiener Pfarre war, ließen sich viele Jugendliche durch Besuche im Altersheim und soziale Aktionen, durch Reisen in die Türkei und nach Israel begeistern. Wir achteten darauf, dass Fremde bei uns Platz hatten. Japanische Musikstudenten, Neuankömmlinge aus den Bundesländern, Lehrlinge, Ungläubige fanden sich in den Schülergruppen. Das Fremde machte die katholische Jugend attraktiv. Mich zogen Außenseiter dann so in den Bann, dass ich mich zwischen Pfarre und Sozialarbeit entscheiden musste. Ich gründete für Strafentlassene das Jugendhaus der Caritas in der Blindengasse.

Viele in der Pfarre irritierte mein Weggang. Ich würde die Jugendarbeit gefährden, hieß es, hatte doch eine Jugendführerin voller Begeisterung versprochen: Wir kommen alle mit! Über dieses Angebot erschrak ich: Sie war jung und aus behütetem Haus, sie gehörte in die Pfarre und nicht in die Sozialarbeit. Sie brauchte den Schutz einer Gemeinschaft und nicht den Umgang mit Ausgestoßenen. Es blieb bei einigen Zivildienern und starken jungen Frauen, die mit mir das Neue riskierten. Mit ihrer Freundschaft und den Wurzeln, die sie in der Pfarre geschlagen hatten, bildeten sie das Fundament für ein neues Werk. Befreiend war, dass die Jugendarbeit in der Pfarre gut weiterging.

Wir sind eine Kirche, die verschiedene Aufträge erfüllt, von der Pfarrgemeinde bis zur Sozialarbeit. Auch wenn die Aufträge einander berühren, verlangen sie doch nach Selbstständigkeit und unterschiedlicher Professionalität. Der

Dienst an den Menschen vereint sie, ad maiorem Dei gloriam, zur größeren Ehre Gottes.

Gemeinsam war Jesus und denen, die sich von ihm trennten, der Glaube an Gott. Wenn es in unserem Vers heißt, »denn sie konnten nicht glauben«, ist damit gemeint, dass sie zwar nicht an Jesus, aber sehr wohl an Gott glaubten. Sie konnten mit dem Auftrag, den Jesus von Gott erhalten hatte, nichts anfangen. Sein Weg zu den Fremden verunsicherte sie. An diesem Punkt verloren seine jüdischen Gesprächspartner das Vertrauen zu ihm und verweigerten ihm die Nachfolge. Das war Jesus recht. Nie hätte er gewollt, dass alle seine Glaubensgenossen von der jüdischen Religion abfielen und sich seinem »neuen Weg«, wie sich das Christentum anfänglich nannte, zuwendeten.

Die Arbeit Jesu am Frieden in der Welt sollte erweitert, nicht ersetzt werden. Einige glaubten an Jesus. Das war sein engster Schülerkreis, mit dem er den Aufbruch in eine neue Religion wagte. Jesus verstand seinen göttlichen Auftrag im Sinne von Pluralität und nicht als Ablösung des Judentums. Es sollte durch ihn einen zusätzlichen Weg und eine neue Gemeinschaft für den Glauben an Gott geben.

Die Jugendlichen blieben im Schutz der Pfarre, so konnte ich mit ein paar Getreuen in die Sozialarbeit gehen. Im Rückblick auf eine Trennung stellt sich die Frage: Wurde das Potenzial erhöht? Kriterium für das Neue ist die Frage, wie das Alte weitergeht und sich zum Neuen verhält.

Denn sie konnten nicht glauben.

JOHANNES 12,39

Es muss schnell gehen, weil die Nacht befreit

Bestimmte Zeiten setzen bestimmte Kräfte frei.
Was lasse ich in diesen vier Wochen hinter mir,
damit Neues kommen kann?

Georg Sporschill

Eines Tages lud Martin seine Frau zu einem eleganten Abendessen ein; er habe ihr etwas mitzuteilen. Lange wollte es ihm nicht über die Lippen kommen, bis ihn Lisa fragte: »Was ist denn los?« Seine Mitarbeiterin erwarte ein Kind von ihm, brachte er stockend heraus. Das Familienleben war seit Langem mühsam, aber ein außereheliches Kind? Das war zu viel. Martin wollte seine Frau keineswegs verlassen, doch er hatte nun eine Verantwortung, um die er nicht herumkam. Lisa wollte bleiben, wenn er versprach, das Kind und dessen Mutter nie wieder zu sehen. Er sollte zahlen und damit die Sache beenden. Er wiederum konnte sich nicht vorstellen, sein eigenes Kind nie zu sehen und die Mutter alleinzulassen. Das Thema blieb ungelöst zwischen den Eheleuten stehen. Sie lebten weiter, doch das Gespräch zwischen ihnen verstummte.

Es kam Weihnachten, und das Thema brach wieder auf wie eine nie verheilte Wunde. In ihrer Not gingen die beiden wieder zum Priester, der sie begleitete. Am Ende eines mühsamen Gesprächs ohne Ergebnis meinte der Priester: »Vielleicht tut der Advent seine Wirkung.« Auf dem Heimweg befreite Lisa Martin mit dem Wort: »Besuche dein Kind, aber ich will es nicht sehen.«

Im letzten Wort des Begleiters entfaltete der Advent seine Wirkung. Wie oft hatte das Ehepaar alle Argumente ausgetauscht. Nun plötzlich griffen sie. Es war die besondere Zeit;

sie macht auch das Wort Jesu an Judas verständlich: »Jesus sagte zu ihm: Was du tun willst, das tu bald! Aber keiner der Anwesenden verstand, warum er ihm das sagte.« Die Aufforderung kann Jesus doch nicht zynisch gemeint haben. Warum die Eile? Noch in dieser Nacht muss die Auslieferung geschehen, denn sie enthält die zentrale Botschaft für Israel: Gott befreit. Beim Schlachten der Lämmer im Tempel denkt das Volk an den Auszug aus Ägypten. Jedes Haus, dessen Türpfosten mit Blut bestrichen war, wurde von dem Todesengel verschont. So konnten die Israeliten zum Schilfmeer entkommen und wurden gerettet. Jetzt wird sich das Blut Jesu mit dem Blut der Lämmer vermischen und zur Befreiung werden. Zur Befreiung für viele aus Sinnlosigkeit und Tod. Es ist Eile geboten, denn diese Nacht gibt ihre Kraft. Von der Eile – es ist das Fest der Befreiung – lässt sich Maria von Magdala am Ostermorgen anstecken, als sie zum Grab läuft, auch Johannes, der Lieblingsjünger, der schneller dort ankommt als Petrus.

Die Eile, zu der Jesus drängt, wirft ein Licht auf den Zweifel des Menschen, ob der Tod oder die Auferstehung das Letzte sein wird. Es muss schnell gehen, denn die Osternacht hat die Botschaft: Befreiung. Auferstehung.

Zeiten setzen bestimmte Kräfte frei. Der Advent weckt Erwartungen. Was lasse ich in diesen vier Wochen hinter mir, damit Neues kommen kann? Wir gehen Weihnachten entgegen, dem Fest der Liebe unter schwierigen Umständen.

Jesus sagte zu ihm:
Was du tun willst, das tu bald!
Aber keiner der Anwesenden verstand,
warum er ihm das sagte.

JOHANNES 13,27b-28

Am Neid erkenne ich die Erwählung

Wer vertraut mir? Welche Aufgabe erfüllt mich?

Ruth Zenkert

Zehn Roma-Frauen strömen jeden Morgen von unserem Sozialzentrum in Nou/Siebenbürgen aus in alle Richtungen. Ausgerüstet mit Gummihandschuhen und großen schwarzen Säcken sammeln sie den Müll auf den Straßen. Die Aktion heißt »Sat curat – das saubere Dorf«. Sauber sind die Wege, wenn die Arbeiterinnen nach zwei Stunden zurückkommen – wenn auch nicht lange, denn die Bewohner lassen den Müll einfach fallen, und Abfallkörbe gibt es nicht. Die Frauen trinken noch einen Kaffee, dann gehen sie heim in ihre Hütten.

Für die Schülerkantine im Sozialzentrum suchten wir eine zuverlässige Köchin. Es gab ein heißes Ringen um den Job. Die Hausleiterin wählte Mihaela, weil sie bei der Dorfaktion pünktlich war – und die Schnellste. Bei ihr findet man keine Plastikbecher mehr im Graben, und sie kommt immer mit einem vollen Müllsack zurück. Am folgenden Tag streikten die anderen neun beleidigt, weil man sie nicht genommen hatte. Das legte sich schnell, als sie sahen, dass Mihaela schon um neun Uhr beginnen musste und nicht vor vier Uhr Nachmittag fertig war. Mihaela hat eine große Verantwortung bekommen. Sie schlägt das Menü vor, und wir besprechen den Einkauf. Jeden Tag muss sie das Holz für den Ofen heranschleppen, Feuer machen, Kartoffeln und Gemüse schneiden. Immer fröhlich aufgelegt, kocht sie für die große Kinderschar. Sie bringt aus ihrem Gärtchen Zwiebeln und Knoblauch mit, damit es den Schützlingen, die zu Hause oft gar nichts bekommen, schmeckt. Keine Frage, dass sie von den Kindern heiß geliebt wird. Weil wir ihr vertrauen können, bekommt sie bald den Schlüssel für die Speisekammer. Da läuft ihr Gesicht dunkelrot an vor Glück.

Wer zu einer Aufgabe gerufen wird, genießt eine besondere Nähe zu den Vorgesetzten. Das weckt Neid. Doch das Vertrauen gibt Kraft, selbst in Zeiten der Überforderung. Erwählung schenkt Selbstbewusstsein. Das ist gemeint, wenn Israel betet: »Lass mich das Glück deiner Erwählten schauen!« (Psalm 106,5) Erwählung bedeutet nicht, etwas Besseres zu sein als andere – es bedeutet aber, eine größere Verantwortung zu haben. Das ist ein hoher Anspruch. Israel versteht sich als das Volk, das von Gott erwählt ist zu einem Dienst an der Welt: Es soll als Licht leuchten und den Menschen Orientierung geben. Dieser Dienst, den Gott seinem »Knecht« aufträgt, ist schwer. Aber wer die Erwählung annimmt, kann sich entfalten und findet darin sein Glück. Eine solche Erwählung erfährt der Christ durch Jesus. In der Taufe empfangen wir den Auftrag: »Ihr seid Mitarbeiter Gottes.« Durch Jesus sind wir erwählt, wie zuerst Israel von Gott durch Mose die Erwählung bekommen hat, »Licht für die Welt« zu sein, »blinde Augen zu öffnen, Gefangene aus dem Kerker zu holen und die im Dunkel sitzen, aus der Haft« (Jesaja 42,5f). Mihaela ist durch die Erwählung stark geworden, obwohl oder weil sie an der Last der Sozialarbeit mitträgt.

Wer vertraut mir? Welche Aufgabe erfüllt mich?

Nicht ihr habt mich erwählt,
sondern ich habe euch erwählt und dazu bestimmt,
dass ihr euch aufmacht und Frucht bringt
und dass eure Frucht bleibt.

JOHANNES 15,16a

Tiefe Wurzeln ermöglichen Neues

Wenn ich allein in den Spiegel schaue,
kann ich die Frage beantworten: Wer bin ich?

Ruth Zenkert

Unsterblich verliebt war Danciu – von seinen Freunden auf Romanes Kale, der Schwarze, genannt – in die blonde Medizinstudentin, die bei uns ein Praktikum machte. Sie musste zurück nach Deutschland, ohne ihn. Danciu kam dennoch oft in unser Haus, mit einem schwarzen Hut, wie ihn die Roma-Burschen tragen. Bald fuhr er mit einem alten Auto vor, das er sich erarbeitet hatte. Er war gerne mit den Volontären aus dem Westen zusammen, die eine so andere Kultur mitbrachten. Oft haben wir miteinander gesungen, seine Roma-Lieder und internationale Musik. Am vergangenen Samstag hat Danciu geheiratet. Die Eltern haben seine Frau ausgesucht, er selbst hat sie nicht gekannt. Die Brautfamilie hat alles organisiert. Ein Schwein wurde geschlachtet, Getränke besorgt, unsere Jugendlichen waren eingeladen, die Musik zu spielen. Der Hof war voll, bunte Röcke der Mädchen, schrille Farben der Strickjacken, die Männer mit Schuhen, deren Spitze sich ins Unendliche zieht, ihre Hüte am Festtag mit weißem Band. Auf dem Grill rauchten die Kohlen, die Stimmung wurde immer ausgelassener. Doch wo war das Brautpaar? Ich schaute ins Haus. Dort saß der zwanzigjährige Danciu neben seiner Frau. Sie – ein 13-jähriges Kind. Als er sie am Morgen mit dem Festzug von zu Hause abgeholt hat, da hat sie geweint. Statt zu gratulieren rutschte mir heraus: »Danciu, was machst du mit dem Kind? Sie spielt doch noch mit Puppen.« »So ist es bei uns Tradition, ich muss sie zur Frau nehmen«, erklärte er mir. »Morgen früh muss ich den Gästen das Leintuch zeigen, damit sie sehen, dass sie Jungfrau war und dass wir jetzt eins sind.« Er zwinkerte mir zu, weil er meinen Schock verstand: »Ich werde einen Weg finden, wie ich das mache. Ich werde auf sie aufpassen.« Seine Fürsorge war liebevoll. Vielleicht wird das Mädchen einmal glücklich mit Danciu. Und er hat Verständnis für seine Eltern. Er ist Rom.

War das der Danciu, mit dem wir unsere Lieder sangen? »Ich bin es«, zeigte er, indem er das für ihn bestimmte Mädchen heiratete und doch verstand, dass er ein Kind zu schützen hatte. »Ich bin es«, sagt Jesus, als die Häscher ihn suchen. In der selbstbewussten Antwort klingt die Stimme durch, die Mose am brennenden Dornbusch vernahm, als er fragte: Was soll ich dem Volk antworten, das wissen will, wer mich sendet? Da offenbarte Gott ihm den Namen: »Ich bin, der ich bin.« In seinem Selbstbewusstsein beansprucht Jesus den göttlichen Namen. Er fasst mit »ich bin es« zusammen, wie er sich den Menschen gezeigt hat: Ich bin das Brot des Lebens, das Licht der Welt, der gute Hirte, der Weg, die Wahrheit und das Leben. Von Gott hat Jesus seine Autorität. Sein Mut kommt aus dem Innersten.

Bei der Roma-Hochzeit im Dorf fand der schwarze Danciu einen Weg, die Eltern zu respektieren und das Kind zu schützen. Er führte eine Tradition, die uns fremd ist, weiter.

Wo ist ein Mensch mit innerer Überzeugung? Wer geht seinen eigenen Weg, ohne sich von Zeitgeist oder Meinungsumfragen bestimmen zu lassen? Tiefe Wurzeln ermöglichen Neues.

Jesus ging hinaus und fragte sie:
Wen sucht ihr? Sie antworteten ihm: Jesus von Nazaret.
Er sagte zu ihnen: Ich bin es.

JOHANNES 18,4f

Sprechende Mauern

Was sagen uns die historischen Monumente, die Kasernen und die neuen Paläste?

Georg Sporschill

Eine mächtige Kirchenburg thront über dem transsilvanischen Dorf Hosman, das bei den Siebenbürger Sachsen Holzmengen heißt. Sie bauten im 13. Jahrhundert diese große Kirche, die Petrus und Paulus geweiht ist. Das zeigen die Reliefs auf dem romanischen Portal. 1456 ließ Fürst Vlad Dracul das Sachsendorf niederbrennen, die Pfarrei verödete. Ab dem 15. Jahrhundert zogen die Türken auf dem Weg nach Wien durch Siebenbürgen und verwüsteten die Dörfer. Die Sachsen befestigten die Kirche mit einer hohen Ringmauer samt Schießscharten und sechs Türmen sowie einem Fallgitter, das es heute noch gibt. Bei Gefahr zog sich die Dorfbevölkerung in die Kirchenburg zurück, ernährte sich von den im »Speckturm« gelagerten Lebensmitteln und überstand die Angriffe. Fest wie ihre Burg wurde auch der Zusammenhalt. Vierhundert Jahre lang waren die Siedler römisch-katholisch, ab der Reformation vierhundert Jahre evangelisch. Im Jahr 1852 geschah in Holzmengen etwas Einmaliges. Der evangelische Pfarrer war lieber im Wirtshaus beim Kartenspiel als bei den Seelen in seiner Gemeinde. Sie baten ihn um mehr Zuwendung, klopften beim Bischof in Hermannstadt an, alles vergebens. So machten sie ihre Drohung wahr: Sie wurden katholisch. Woraufhin der Bischof den Holzmengenern eine kleine Kirche mit Pfarrhaus und Schule erbauen ließ. Ein katholischer Priester betreute die abtrünnige evangelische Gemeinde. Durch die mutige Aktion der unzufriedenen Gläubigen steht in Hosman neben der stolzen evangelischen Kirchenburg eine kleine katholische Kirche, eine Seltenheit in transsilvanischen Dörfern.

Nach der Auswanderung der Siebenbürger Sachsen in den letzten Jahrzehnten wurde Hosman von orthodoxen Rumänen bevölkert, unter ihnen die rasch anwachsende Roma-Minderheit. Beide Kirchen stehen leer und verfallen. Wieder braucht es mutige Stimmen, um sie zu beleben. Dieses Jahr werden wir die katholische Kirche mit Nebengebäuden renovieren und ein »Sozialzentrum Kirche« eröffnen – mit Gebetsraum, Ausspeisung, Waschküche, Arztpraxis und einer Wohnung für Roma-Familien.

Die Kirche von Holzmengen erzählt eine dramatische Geschichte, genauso wie es die Synagoge und der Tempel zur Zeit Jesu taten. Heute ist der Tempelberg in Jerusalem der sensibelste Punkt in der Auseinandersetzung zwischen Israelis und Palästinensern. Dort, »wo alle Juden zusammenkommen«, diskutierte Jesus seine Anliegen. Nicht im Geheimen, sondern in aller Öffentlichkeit suchte er den »neuen Weg«. Die Kirche sollte neben der Synagoge aufgebaut werden. Vielleicht so wie die Moscheen heute im christlichen Abendland wachsen und zu öffentlichen Diskussionen führen.

Die Kirchenburg in Hosman vermittelt zu allen Zeiten eine Botschaft, genauso wie die kleine Schwesterkirche im Dorf, die nun zum Sozialzentrum wird. Was sagen uns die historischen Monumente, die Kasernen und die neuen Paläste?

Jesus antwortete ihm:
Ich habe offen vor aller Welt gesprochen.
Ich habe immer in der Synagoge und im Tempel gelehrt,
wo alle Juden zusammenkommen.
Nichts habe ich im Geheimen gesprochen.

JOHANNES 18,20

In der Überforderung gegen den Strom schwimmen

Wie schreiben wir in diesem Jahr weiter?
Welches helle Zeichen setzen wir gegen das Dunkel?

Ruth Zenkert

Cartier Marghita heißt eine neue Siedlung in dem transsilvanischen Ort Nocrich. Bisher standen dort elende Hütten, in denen verwahrloste Roma-Familien hausten, zwischen Müll und Unrat, der nächste Brunnen weit entfernt. Viele Kinder waren durch Hepatitis geschwächt. Jetzt leuchteten dort in bunten Farben zehn Häuschen. Wege wurden geschaffen, im neuen Sozialzentrum bot Wasser die Möglichkeit zum Waschen, auch in den Häusern wurde geputzt. Die wilden Kinder kamen jeden Tag ins Zentrum und wurden gebändigt. Zähneputzen war für sie eine neue lustige Beschäftigung, auch weil die Minze gut schmeckte. Spielen, Zuhören, einen Stift über ein Blatt führen und saubere Linien zeichnen, das wurde mühsam gelernt. Wir hatten den Ehrgeiz, alle für die Schule vorzubereiten, und beschafften die notwendigen Dokumente. Dann kam der erste Schultag. Die Kinder marschierten sauber gekleidet in das große Schulgebäude, das ihnen bisher verschlossen war. Jetzt gehörten sie dazu und durften wie die anderen eine Schultasche tragen. Nach einer halben Stunde waren alle wieder im Zentrum. Alina, die Erzieherin, traute ihren Augen nicht. »Die Lehrer haben uns heimgeschickt, weil wir Läuse haben.« Enttäuscht warfen die Kinder ihre Taschen in die Ecke. Alina raste in die Schule. Die Lehrer wollten die Unruhegeister nicht. Endlich ließ sich die Direktorin erweichen: Wenn der Schularzt keine Laus mehr finde, dürften die Kinder kommen. Doch dann begann der nächste Konflikt. Nina im Sozialzentrum weigerte sich, die Kinder zu behandeln. Die viele Mühe sei sinnlos, am nächsten Tag würden sie ja doch von zu Hause wieder neue Läuse mitbringen. Doch Alina gab nicht nach. Jeden Tag wurden die Kinder mit feinen Kämmen von der »Fußballmannschaft« – wie sie ihre Kopfbewohner nennen – befreit, mit Essiglösung im Haar wurden neue abgewehrt. Als der Arzt bestätigte, dass die Kinder sauber seien, begann der Kampf, sie am Morgen pünktlich zu versammeln. Die Familien waren es nicht gewohnt, morgens im Dunkel aufzustehen. Emil musste jeden Tag an die Haustüren klopfen und die Kinder herausbringen. Alina schaffte es gegen alle Widerstände, und so zieht jeden Morgen die Kinderschar mit Emil in das Dorf.

In der Dunkelheit der Welt kann niemand generalstabsmäßig Lösungen finden. Mit einem Zeichen kann ich jedoch dem Strom eine Richtung geben: die der Hoffnung gegen Lähmung. Ich bin die Erste, die von diesem Strom getragen wird. Es ist interessant, wie das Evangelium endet: Mit dem Hinweis, dass es noch viele andere Zeichen gebe, die nicht in diesem Buch aufgeschrieben seien. Ein Buch wird geschlossen und ein neues geöffnet, nämlich das Buch unseres eigenen Lebens. Wo sind heute die Zeichen, die uns an das Gute glauben lassen? Unsere Aufgabe ist es, das Evangelium mit unserem eigenen Leben weiterzuschreiben, das fünfte Evangelium, vielleicht das wichtigste. Und es an unsere Kinder weiterzugeben.

Wie schreiben wir in diesem Jahr weiter? Welches helle Zeichen setzen wir gegen das Dunkel?

Noch viele andere Zeichen hat Jesus vor den Augen seiner Jünger getan, die in diesem Buch nicht aufgeschrieben sind.

JOHANNES 20,30

Übergeben, was ich aufgebaut habe

Mit wem bin ich so weit gegangen,
durch Konflikte und Fragen hindurch,
bis sich Misstrauen und Angst aufgelöst haben?

Ruth Zenkert

Es war einmal eine Helferin, mit der wir das Projekt ELIJAH in Siebenbürgen begonnen haben. Sie war in alles involviert, war immer bei uns. Die Arbeit wurde mehr, neue Mitarbeiter kamen dazu. Ich übertrug Aufgaben, die unsere erste Mitarbeiterin begonnen hatte, an die Neuen. Sie ertrug es schwer und fühlte sich verdrängt, obwohl sie inzwischen so viel zu tun hatte, dass sie es gar nicht mehr geschafft hätte. Auch die nächsten Mitarbeiter schimpften über die Neuen. Inzwischen sind es über sechzig, Führungskräfte sind herangewachsen und haben einzelne Bereiche übernommen. Ehrgeizige wollen weiter hinauf, lernen, kämpfen um Verantwortung. Mir stellt sich täglich die Frage: Wem kann ich vertrauen, wer kann mehr, wer übernimmt einmal das Werk? Andrei, der einen guten Draht zu den Jugendlichen hat? Cornelia, die sich umsichtig um alles im Büro kümmert? Marіuca, die allen dient und sogar auf Katzen und Hund schaut? Antoaneta, die ohne Rücksicht auf Verluste Aufträge umsetzt? Lili, die alles aushält? Nicu, der überallhin Beziehungen pflegt, aber nirgends anecken will? Robert, der ein wunderbarer Musiker ist und Ideen hat? Ionela, die so viel mitgemacht hat und als Kind für ihre kleinen Geschwister zu sorgen hatte? Sie ist viel zu ernst, sie hatte keine Kindheit. Maria, der Star, die gerne im Mittelpunkt steht, aber die Dienste anderen überlässt? Ionut, der in seinem Clan zu Hause ist? Er prügelt die anderen und wirft Steine auf die Mädchen, deshalb wird er Rocker genannt. Dann wieder schaut er mich treuherzig an, ein schutzbedürftiges Kind. Seine Eltern sind verschwunden. Stolz sagt er, Jesus sei sein Vater.

Wo die Liebe groß ist, kann auch die Eifersucht groß sein. Darauf spielt die erste Frage Jesu an Petrus an: Liebst du mich mehr als diese? Auch unter den Schülern Jesu kommt es zu Eifersuchtsszenen. Petrus muss über alle Stufen der Liebe in die Tiefe steigen, bis er sagen kann: Herr, du weißt alles; du weißt, dass ich dich liebe. Hier ist keine Konkurrenz mehr. Es ist nur noch das Glück, einander zu kennen und zu verstehen. Dieses Eins-Sein nützt Jesus, um seinem Schüler die Gemeinschaft anzuvertrauen, die er gestiftet hat. Weide meine Schafe!

Jesus hat nichts anderes getan als Mose am Ende des Wüstenzugs beim Blick auf das Gelobte Land. Der war sich im Tiefsten sicher, dass er jetzt Josua vorausgehen lassen konnte. Er würde das Volk führen. Mose durfte Abschied nehmen, weil er den Guten Hirten gefunden hatte. Jesus gibt an seine Schüler den göttlichen Auftrag weiter, gute Hirten zu sein. Wer übernimmt von uns diesen Auftrag, den Gott mit uns teilt?

Wem werde ich einmal mein Lebenswerk übergeben? Wer hält unsere Gemeinschaft zusammen? Wer geht voraus? Wer greift ein, wenn es falsch läuft? Wer ergreift Partei für die, die sich nicht wehren oder selbst helfen können? Wer lässt nicht zu, dass die Starken ihre Macht ausnützen? Auf wen kann ich mich verlassen, wenn ich nicht mehr kann? Wo kann ich zuschauen und mich freuen, weil Neues kommt?

Petrus gab ihm zur Antwort:
Herr, du weißt alles; du weißt, dass ich dich liebe.
Jesus sagte zu ihm: Weide meine Schafe!

JOHANNES 21,17c-d

Ist es Zeit, hinzuschauen oder wegzuschauen?

Die drei Affen, die wegschauen, weghören und den Mund zuhalten, tun das Richtige in der Zeit extremer Belastung. Die Bibel nennt es Verstockung.

Ruth Zenkert

Susi und Horst waren seit der Schulzeit zusammen, ihre enge Bindung war so selbstverständlich, dass sie bald heirateten. Sie übernahmen das Geschäft von Susis Vater und führten es zu großem Erfolg. Jahre waren vergangen, Horst kam immer später nach Hause. Seine Frau bewunderte ihn wegen seines unermüdlichen Einsatzes. Da erzählte ihr eine Freundin, sie habe Horst mit einer Frau gesehen, Hand in Hand. Auf Susis Frage fiel Horst aus allen Wolken, beteuerte seine Unschuld. Susi war beruhigt. Dann sah sie durch Zufall eine E-Mail, in der sich ihr Mann mit der anderen verabredete. Die Freundin bedrängte sie: Siehst du nicht, was los ist? Alle reden schon über euch. Er betrügt dich, seine Geschäftsreisen finden in italienischen Urlaubsorten statt. Schmeiß ihn raus, lass dir das nicht gefallen! Susi konnte den Betrug nicht fassen. Erst nach Monaten der Lähmung konfrontierte sie ihren Mann mit dem, was sie längst gehört hatte, aber nicht hören wollte. Sie hatte Zeit gebraucht, um sich dem Scheitern zu stellen. Nun nahm sie einen Anwalt.

Als die Katastrophe hereinbrach, war Susi wie gelähmt. Im Schockzustand war ganz Israel, nachdem die Assyrer die heilige Stadt Jerusalem überfallen und ausgeraubt hatten. Das erwählte Volk wurde mit seinem König in das babylonische Exil getrieben. Da gab Gott dem Propheten Jesaja den Auftrag: »Verstopf dem Volk die Ohren, verkleb ihm die Augen, damit es mit seinen Augen nicht sieht und mit seinen Ohren nicht hört.« (Jesaja 6,10f) In der unerträglichen Belastung der Versklavung hatte der Prophet die Aufgabe, die Menschen zu verstocken. Sie sollten wegschauen, nichts spüren und nichts hören, zumindest für eine bestimmte Zeit. »Wie lange, Herr?«, fragte der Prophet.

Die Zeit der Verstockung ist wie ein Verzögerungselement, das den Aufprall im Scheitern weniger stark spüren lässt. Das Johannesevangelium gönnt den Pharisäern zur Zeit Jesu die Verstockung. Wie damals von den Assyrern ist Jerusalem nun von den Römern besetzt. Der Untergang steht bevor. In der äußerst angespannten Situation fehlt gerade noch, dass mit Jesus eine Aufstandsbewegung wächst. Eine religiöse Spaltung entsteht, die für das Judentum viele Jahrhunderte lang katastrophale Folgen haben wird. Das Evangelium formuliert voller Verständnis für Israel: »Er hat ihre Augen blind gemacht und ihr Herz hart, damit sie mit ihren Augen nicht sehen und mit ihrem Herzen nicht zur Einsicht kommen …«

Eine Zeit der Verstockung ist Voraussetzung für die Wende – im babylonischen Exil, zur Zeit Jesu und im Scheitern einer Ehe. Unter extremer Belastung dürfen wir uns eine Zeitlang die Milderung gönnen, zu sehen und nicht zu sehen, zu hören und nicht zu hören, bis die Kraft da ist, das Unfassbare zu verstehen und etwas zu tun.

Er hat ihre Augen blind gemacht und ihr Herz hart,
damit sie mit ihren Augen nicht sehen und mit ihrem Herzen
nicht zur Einsicht kommen, damit sie sich nicht bekehren
und ich sie nicht heile.

JOHANNES 12,40

Das Ärgste aber ist die Feigheit

Es ist eine Hilfe, wenn Verantwortungsträger
ihr eigenes Versagen nicht vergessen. Wer um seine
Schwäche weiß und damit rechnet, kann genau
dadurch Stärke entwickeln.

Georg Sporschill

Hin und wieder bin ich mit einem Kollegen im Auto unterwegs. Er fährt gut und doch irgendwie zu langsam. Bei seinen Fähigkeiten und bei der Stärke seines Autos wäre mehr drin. Das sagte ich ihm einmal auf einer langen Fahrt. Da erzählte er eine Geschichte. Als Student hatte er einmal für ein paar Stunden das Auto seines Vaters haben dürfen, zum ersten Mal ohne Begleitung. Er fuhr sofort zu Freunden, er wollte ihnen mit dem tollen Auto imponieren. Die jungen Leute machten eine Spritztour aufs Land, und er zeigte den anderen, was das Auto konnte. Er fuhr weit über seine Verhältnisse, sie kamen in einer steil abfallenden Kurve ins Schleudern. Nur tausend Schutzengel bewahrten sie vor der Katastrophe, wie er sagte. Den Blick in den Abgrund, dieses Bild bringe er aus seinem Kopf nicht mehr weg. Er wisse, dass er gerne blende. Das lasse ihn manchmal zurückhaltender sein, als ihm zumute sei, nicht nur beim Autofahren.

Der Blick in den Abgrund wirkt wie der Hahnenschrei bei Petrus. Er gehört zum engsten Kreis eines Menschen, der verurteilt, misshandelt und getötet werden wird. Jesus gab Simon den Namen Petrus, Fels, weil er auf ihn baut, für alle Zukunft. Jesus macht ihm das Risiko klar. »Du willst für mich dein Leben hingeben?« Ja, Jesus mutet Petrus eine so große Verantwortung zu, die seine Lebenshingabe fordert. Er macht ihn zum Leiter seines Werkes, wiewohl er seinen Charakter gut kennt: »Du wirst mich dreimal verleugnen.«

Petrus ist ein ängstlicher Typ. Die Feigheit wird ihn gelegentlich zu Fall bringen. Jesus weiß genau um die Schwäche dessen, dem er die Verantwortung übergibt.

Ist damit nicht eine grundsätzliche Neigung der Menschen, die Leitungsaufgaben erhalten, ausgedrückt? Nach oben kommen selten kantige, eher angepasste Typen. Verständlicherweise, so wird das Risiko gering gehalten. Allerdings auch die Chance, dass die Zielsetzung eines Unternehmens erreicht wird. Es besteht die Gefahr von Stillstand und innerer Auflösung.

Ein Hahnenschrei bewahrt schließlich den ersten Papst vor dem totalen Versagen. Petrus gehen die Augen auf. Er weiß von nun an mit seiner persönlichen Schwäche umzugehen. Wenn es darauf ankommt, muss er mehr Mut als Vorsicht beweisen, um gegen seine Ängstlichkeit anzukämpfen. Er kann nun realistisch mit sich umgehen und wird gerade deshalb eine menschlich starke Führungsgestalt. So wie Petrus Jesus dreimal verleugnet, so beweist er ihm schließlich dreimal seine Freundschaft. »Herr, du weißt alles; du weißt, dass ich dich liebe.« Die Haltung der Feigheit ist in Loyalität umgeschlagen, er ist über sich hinausgewachsen.

Der feige Heilige Petrus hat eine frohe Botschaft für eine Zeit, in der Persönlichkeiten mit Handschlagqualität und eigener Meinung dringend gefragt sind – in Kirche und Politik, aber auch in privaten Beziehungen.

Es ist eine Hilfe, wenn Verantwortungsträger ihr eigenes Versagen nicht vergessen. Wer um seine Schwächen weiß und damit rechnet, kann dadurch Stärke entwickeln.

Amen, amen, ich sage dir:
Noch ehe der Hahn kräht, wirst du mich dreimal verleugnen.

JOHANNES 13,38b

Ein Scheitern, das zu Überraschungen führt

Wann öffnet eine Trennung ein Tor?

Ruth Zenkert

Wie eine schwarze Wolke huschte eine finstere Gestalt an uns vorbei. Kein Blick, kein Gruß. Der Gastgeber, ein beredter evangelischer Pfarrer, senkte bedrückt den Kopf: »Meine Frau. Sie hat es nicht gern, wenn ich Gäste habe, sie sagt, ich nehme mir keine Zeit mehr für sie. Und sie jagt mir alle hinaus. Es ist schrecklich.« Wir verabschiedeten uns bald.

Jahre später kamen wir wieder, mit Freunden, die den Pfarrer kennenlernen wollten. Er war inzwischen berühmt, weil er drei viel besprochene Bücher geschrieben hatte. Ob dort noch die schwere Stimmung das Haus lähmte, fragten wir uns. Der Garten war nicht mehr so liebevoll gepflegt, der Pfarrer umso mehr. Umringt von jungen Studentinnen saß er da, durch die Zimmer schwebte eine ehemalige orthodoxe Nonne mit seligem Lächeln. Wo ist Ihre Frau, fragte ich. »Fort, über Nacht. Ich kam von einer Reise zurück, die Türe versperrt, keine Seele im Haus. Das Wohnzimmer halb ausgeräumt. Ich suchte in jeder Schublade, in der Küche, im Bad, im Schlafzimmer. Alles, was sie in den Haushalt gebracht hatte, war weg, säuberlich getrennt: deines bleibt da, meines nehme ich mit. Am nächsten Tag ging ich verzweifelt zum Friedhof, weil ich den Toten meine Sorgen klagen wollte. Unfassbar: Auch die Gebeine ihrer toten Mutter hatte sie exhumieren lassen und mitgenommen. Sie hat mich ganz und gar verlassen. Nach 43 Jahren Ehe ist das ein harter Schlag. Gescheitert!« Dann erzählte er, dass Carmen aus dem Roma-Ghetto grün und blau geprügelt bei ihm abgegeben worden sei. Er sollte sie für einige Tage aufnehmen, zu

Hause würde sie bloß wieder geschlagen. Carmen ist geblieben und macht ihm heute den Haushalt. Oft kommen ihre jungen Geschwister und deren Freunde zum Spielen in der alten Hollywood-Schaukel, in der er wohl einst mit seiner Gattin saß. Die »braunen Brüder und Schwestern«, wie er sie nennt, geben dem alten Pfarrhaus bunte Farbe.

Zufällig trafen wir in der nahen Stadt auf dem Hauptplatz die geflohene Pfarrersfrau. Elegant gekleidet und mit Strohhut kam die Dame auf uns zu, sprudelnd vor Lebensfreude. Sie wohne jetzt in ihrem ehemaligen Elternhaus, gehe in der heißen Zeit mit Freunden baden, singe im Bach-Chor, ach, es gehe ihr blendend. So sah sie auch aus. »Und was ist mit deinem Mann?« »Den habe ich seit meinem Auszug nicht mehr gesehen, es ist wohl das Beste.«

Ein befreundeter katholischer Priester sagte zu beiden: »Eure Ehe ist gelungen. Euer Treueversprechen ist gehalten.« Beide ringen damit – ist nicht alles zwischen uns zerbrochen?!

Die Ehepartner haben sich in einer Zeit getrennt, in der beide noch einmal aufleben konnten. Wären sie zusammengeblieben, hätten sie sich gegenseitig zerstört und all ihre Lieben belastet. Ist das jetzt nicht eine gelungene Ehe? Eine Ehe mit lauter Gewinnern?

Unser Bibelvers stimmt mich optimistisch. »Wenn ihr mich liebtet, würdet ihr euch freuen, dass ich zum Vater gehe; denn der Vater ist größer als ich.« Manchmal gibt es eine Trennung, die zu Überraschungen führt oder Größeres bringt, als wir erwartet haben.

Wenn ihr mich liebtet, würdet ihr euch freuen,
dass ich zum Vater gehe; denn der Vater ist größer als ich.

JOHANNES 14,28b

Besser einen Menschen opfern als alle?

Der Entschluss, jemanden wegzuschicken,
ist schmerzlich, führt aber vielleicht zu etwas Neuem.

Georg Sporschill

Nein, ich halte das nicht mehr aus! Ich gehe!« Unserer französischen Volontärin standen die Tränen in den Augen. Am Abend zuvor hatte sie vergebens versucht, die Mädchen ins Bett zu bringen. Weit nach Mitternacht noch jagten sie durch den Garten, schüttelten die halbreifen Früchte von den Bäumen, traten den Lavendel nieder. Durchdringendes Gekreische schallte durch die Nacht, bis ich die Störenfriede ins Zimmer scheuchte. Dort ging bei der folgenden Kissenschlacht die Nachttischlampe zu Bruch. Entsprechend schwer hatte es die Volontärin, die übermüdeten Mädchen in der Früh aus den Federn zu bringen.

Aufgewühlt war unsere brave Mädchenschar, seit wir Laura aufgenommen hatten. Ihre Eltern waren zum Ernteeinsatz nach Deutschland gefahren und hatten sie zurückgelassen. Schon vorher hatte es zwischen Vater und Mutter immer wieder Streitereien gegeben. Würden sie zusammenbleiben, würden sie zurückkommen? Hier im Dorf erwartete sie ein armseliges Haus, das renoviert werden musste. Laura war ein ungeliebtes Kind, sie störte und zerstörte. Selbst wenn sie mit dem Hund spielte, umklammerte sie ihn grausam stürmisch, bis er sich befreite und ihr dabei die Lippe blutig biss. Die kleine Narbe war ein Symbol für die ganze Not des Ungeliebtseins. Nicht nur die Französin, auch die Kinder wollten sie loswerden. An diesem Morgen gab ich dem Druck nach. Wir rangen uns durch, sie zur Großmutter zu schicken, wohl wissend, dass dort erbärmliche Zustände herrschten. Wir waren an unsere Grenzen gekommen. Sollte die ganze Gemeinschaft zerstört werden? Wir konnten diesem Mädchen nicht helfen. Als ich ihr schweren Herzens sagte, sie müsse zur Großmutter gehen, schaute sie mich mit großen Augen an, ohne ein Wort zu sagen, ihre verletzte Lippe zitterte. Dann ging sie in ihr Zimmer und packte. Zwei Tage später starb ihr Onkel. Die Großmutter war froh, diesen Schmerz nicht alleine tragen zu müssen. Vielleicht war die Nähe der Enkelin eine Hilfe in den schweren Tagen.

Aus Sorge um die Gemeinschaft mussten wir Laura wegschicken. Aus demselben Motiv hatte der Hohe Rat in Jerusalem, die religiöse Autorität Israels, den Plan gefasst, Jesus umzubringen. Der Unruhestifter, der das Volk in der ohnehin gespannten Besatzungszeit in Gefahr brachte, sollte »entsorgt« werden. Das Argument des Hohepriesters gegenüber seinen Kollegen, »dass es besser für euch ist, wenn ein einziger Mensch für das Volk stirbt, als wenn das ganze Volk zugrunde geht« (Johannes 11,50), ist nachvollziehbar. Deshalb schrien die religiösen Anführer, als sie den Dornengekrönten vor dem Richterstuhl sahen: »Kreuzige ihn, kreuzige ihn!« Das Weitere erzählt die Geschichte des entstehenden Christentums.

Der Entschluss, den Störenfried wegzuschicken, ist schmerzlich, führt aber vielleicht zu etwas Neuem. Wann musstest du jemanden wegschicken?

Als die Hohepriester und die Diener ihn sahen, schrien sie:
Kreuzige ihn, kreuzige ihn!

JOHANNES 19,6a

Es sagt viel aus, wie jemand weggeht

Auch im Sterben und Scheitern liegt eine Botschaft.
Welches Bild bleibt vom Menschen?

Georg Sporschill

Walter war sein Leben lang auf der Straße. Die Mutter hatte das ungewollte Kind in einem Wiener Heim abgegeben, der Vater hatte sich gleich davongemacht, vielleicht wusste sie gar nicht, wer es war. Aus dem Heim riss Walter immer wieder aus, jedes Mal wurde er eingefangen. Mit 16 musste er als Hilfskraft auf einem Bauernhof arbeiten. Voller jugendlichen Leichtsinns setzte er sich eines Tages in der Stadt auf ein fremdes Fahrrad und fuhr davon. Diebstahl, sieben Jahre Gefängnis! Man hatte ihm wohl noch einige ungelöste Fälle zugeschoben und damit den unbequemen Burschen weggeschafft. 18-mal wurde er noch wegen einiger Bagatelldelikte verurteilt, bis er schließlich in der Strafanstalt Stein für Jahre eingesperrt wurde. Nach seiner Entlassung fasste er nicht mehr Fuß und landete in einem kalten Winter als Obdachloser in unserem Notquartier in Wien. Oft kam er betrunken nach Hause. Doch als er den Portiersdienst übernahm, wurde er stabiler. Er begrüßte jeden Hausgast herzlich und mit Humor, die Portierloge war immer Treffpunkt von Freunden. Nie schimpfte Walter über die Justiz oder dass er ungerecht verurteilt worden sei. Er sagte, die Richter hätten ihre Pflicht getan und lobte die Wärter, weil sie gut zu ihm gewesen seien. In der Portierloge verfasste er jeden Tag einen »Spruch des Tages«, meist einem Mitarbeiter, Hausbewohner oder Gast gewidmet. Wunderbare Einblicke und Weisheiten, mit kunstvollen Blockbuchstaben aufgemalt. Und den jungen Volontärinnen erklärte er, wie sie mit Zibeben verhüten könnten.

Walter war bis zu seinem Lebensende gezeichnet von seiner schweren Geschichte. Wenn die Sozialhilfe ausgezahlt wurde, vertrank er alles, bis der letzte Groschen weg war. Dann kam er mit Lungenkrebs ins Krankenhaus. Noch auf der Intensivstation verlangte er von der Krankenschwester Zigaretten. Am Monatsanfang wollte er sich von allen Schläuchen befreien, um vom Sozialamt sein Geld abzuholen. Sein Zimmer war stets voll von Freundinnen und Freunden, die ihn bis zum Schluss begleiteten. Meine Erinnerungen an Walter glänzen im Schein der tiefen Freundschaft. Er war ein besonderer Mensch.

Die gebrochene Biografie dieses Straßenkindes lässt mich an den Psalm denken: »Nahe ist der HERR den zerbrochenen Herzen und dem zerschlagenen Geist bringt er Hilfe. Viel Böses erleidet der Gerechte, doch allem wird der HERR ihn entreißen. Er behütet all seine Glieder, nicht eins von ihnen wird zerbrochen.« (Psalm 34,19-21) Dieses Wort erfüllte sich in der Art und Weise, wie Jesus starb. Als die Soldaten »sahen, dass er schon tot war, zerschlugen sie ihm die Beine nicht«. Aus dem zerbrochenen Leben des Straßenkindes, aus dem entstellten Antlitz des Gekreuzigten leuchtet die Botschaft des Psalms. Er war ein Gerechter. Er war ein Freund, ein Mensch, der sein Leben für andere verlor. Das Erlösungswerk geht weiter. Der Ruf Jesu, sich für Schwächere einzusetzen, hat seine Kraft nicht verloren.

Es sagt viel aus, wie jemand weggeht. Auch im Sterben und Scheitern liegt eine Botschaft. Welches Bild bleibt vom Menschen?

Als sie aber zu Jesus kamen und sahen,
dass er schon tot war, zerschlugen sie ihm die Beine nicht.

JOHANNES 19,33

Wie reagierst du auf eine Katastrophe?

Resignieren oder aufbrechen: Wann hast du den Weg in die Wüste gewagt?

Georg Sporschill

Das Netz ist zerrissen und der Vogel ist frei«: An dieses Psalmwort musste ich denken, als Mihai wegging. Er war im Kinderheim aufgewachsen, seit vier Jahren arbeitete er in unserem Sozialzentrum mit. Er war zuständig fürs Brennholz und für Sauberkeit im Hof. Seine Vorgesetzte verzweifelte manchmal, weil er sich keine drei Aufträge merken konnte. Nichts tat er selbstständig, immer musste sie ihn anstupsen: Kehr zusammen, trag den Mist weg, räum das Werkzeug auf. Dann beschwerte er sich, er müsse so schwer arbeiten. Seine Chefin machte sich zu seiner Mutter. Sie überwachte ihn genau und bevormundete ihn, auch in seinem Privatbereich. Mihai trank gerne Bier, ein, zwei am Abend, oft wurden es mehr. Man merkte ihm das am Morgen an, am weißen Gesicht, aber noch mehr an seiner Arbeitsleistung. So bekam er auch für den Abend strenge Regeln, weil er sonst untergegangen wäre. Mihai bemühte sich, um nicht rauszufliegen, was die Chefin ihm immer öfter androhte. Eines Morgens fand sie in seinem Zimmer einige Bierdosen. »Jetzt ist aber Schluss«, mahnte sie ihn. Dann ging für sie der Alltag weiter. Am Abend war das Zimmer aufgeräumt, Mihai hatte seine wenigen Sachen in zwei Koffer gepackt. »So habe ich das nicht gemeint«, wollte sie ihn zurückhalten. Doch Mihai war entschlossen. Und ging hinaus. Sorgenvoll schaute sie ihm nach. Wo sollte er wohnen, wie eine Arbeit finden, würde er durchhalten? Es wurde schon dunkel, wie sollte er in die Stadt kommen, mit den zwei Koffern? Geld für ein Busticket hatte er nicht mehr, das hatte er in der letzten Nacht aufgebraucht. Aber er ging.

Das zu enge Netz war zerrissen. Es war ein Exodus, wie ihn Israel in der Knechtschaft von Ägypten wagte. Lange ertrug das Volk Israel das beschwerliche Leben in der Fremde, bis es aufbrach. Weg von den Fleischtöpfen und hinaus in die Freiheit, auch wenn der Weg vierzig Jahre lang durch die Wüste führte. Diesen Exodus wagten auch Petrus und der andere Jünger, nachdem Jesus, auf den sie ihre Hoffnung gesetzt hatten, gekreuzigt worden war. Sie gingen hinaus und kamen zum Grab. Es war der Ostermorgen.

Gestern hat mich Mihai angerufen. Ganz frei erzählte er mir, wie es ihm in den letzten Monaten ergangen war. Wie schwer es war, einen Platz zum Schlafen zu finden. Er war froh, dass er in einem Gasthaus Teller waschen durfte. Für wenig Geld und ohne Anstellung. Doch er durfte dort übernachten. Nun habe er in einem Hotel eine richtige Arbeit bekommen. Eine schwarze Hose, Schuhe und ein weißes Hemd habe man ihm gegeben. Trinken dürfe er im Dienst auf keinen Fall. Er sagte ganz offen, wie viele Bier er am Abend trinke, doch das bekomme er in den Griff. Oft habe er bereut, dass er uns verlassen habe. Mit dem Anruf war für mich eine lange Zeit des Bangens zu Ende. Für Mihai selbst noch nicht, aber er kämpft und hat jetzt eine große Chance, sein Leben zu leben.

Resignieren oder aufbrechen: Wie reagierst du auf eine Katastrophe? Wann hast du den Weg in die Wüste gewagt?

Da gingen Petrus und der andere Jünger hinaus
und kamen zum Grab.

JOHANNES 20,3

Die Lebensgeschichte gibt dem Lied die Farbe

Wie beginnt eine Leere zu sprechen?
Wie wird aus einer Abwesenheit etwas Positives?

Ruth Zenkert

An Thérèse geschmiegt, steht Roxi in der Mitte des Zimmers und singt. Als es zu uns kam, sah das pummelige zwölfjährige Mädchen aus wie ein frecher Bub mit kurzen struppigen Haaren. Die Familie hatte Roxi mit einem Hirten zu den Schafen geschickt, zu Hause konnten sie nichts mehr mit ihr anfangen. Sie sollte weg oder zumindest etwas Geld bringen. Da sie nicht regelmäßig in die Schule ging, konnte sie gerade einmal Buchstabe für Buchstabe ihren Namen entziffern und ein wenig rechnen. Inzwischen hat Roxi einen Lockenschopf und pflegt sich gern, sie trägt wie alle Mädchen glitzernde rosa Pullis und feine Sandalen. Dem verschreckten, schüchternen Kind von früher war kaum ein Wort zu entlocken, oft floh sie in ihr Zimmer. Und jetzt steht sie vor uns und singt ein Lied, mit lauter Stimme. Mehr noch, es ist ein französisches Lied: »La vie en rose« – Leben in Rosa – von Édith Piaf. Bei manchen Zeilen summt sie mit und schwingt sich in das Ende des Verses ein »… prä do se bra«, »… tu ba«, »… wi o rose«.

Würde sie vor Publikum singen und man wüsste nichts von ihr, wäre man geneigt zu sagen: wenig ausgebildete Stimme, kein selbstsicheres Auftreten, bitte den Text lernen! Für unsere Roxi aber ist es ein Wunder, dass sie vor uns allen französisch singt! Nach dem abschließenden »mon cœur qui bat« – mein Herz klopft vor Liebe – umarmt sie die Volontärin Thérèse glücklich und fest. Sie wohnen gemeinsam im Zimmer. Thérèse hat das Lied jeden Abend mit ihr gesungen.

Ist es ein Zufall, dass auch Édith Piaf, der kleine Spatz, aus einer schwierigen Familie kam? Die Mutter betrieb ein Bordell, der Vater war Schlangenmensch in einem Wanderzirkus und schlug das Kind oft, wenn er betrunken war. Mit vier Jahren erblindete sie, nach zweijähriger Krankheit ging die Großmutter mit ihr auf eine Wallfahrt und sie wurde geheilt. Das Leben in Rosa strahlt noch einmal stärker vor dem Hintergrund der grauen Vergangenheit.

Die geschlagenen Mädchen sind bei lebendigem Leib begraben. Sie haben kein Leben. Später aber beginnen beide zu singen. Mit starker Stimme und eindringlich. Piafs Geheimnis liegt in ihrer Geschichte von Erblindung und Heilung, genauso wie bei dem kleinen Mädchen, das weggeschickt wurde. Und dann eine Freundin fand, die mit ihr sang.

»Denn sie hatten noch nicht die Schrift verstanden, dass er von den Toten auferstehen müsse.« Nur die Lebensgeschichte lässt das Geheimnis ahnen, warum das leere Grab die Botschaft von der Auferstehung enthält. Jesus und seine Schüler und Schülerinnen, allen voran Maria von Magdala, kannten die Geschichte von Mose und Elija. Für beide gibt es nicht einmal ein Grab. Den einen hat Gott mit einem Kuss in den Himmel aufgenommen, den anderen im Feuerwagen. Die Leere enthält die Botschaft von der Auferstehung. Heute führt Mose die Menschen zu einem erfüllten Leben, und Elija hilft überall, wo Not ist.

Die große Geschichte und mein Leben geben meiner Stimme die Farbe. Erlebte Leere schenkt Überzeugungskraft.

Denn sie hatten noch nicht die Schrift verstanden,
dass er von den Toten auferstehen müsse.

JOHANNES 20,9

»Du bist im Anfang«: die Botschaft der Sozialarbeit

In dunklen Momenten ist es entscheidend,
den nächsten Schritt zu machen.

Ruth Zenkert

Kommt doch herein auf ein Glas Saft!«, rief uns Stanuz nach. Sonst war ich an seinem Haus immer schnell vorbeigegangen, weil ich mich nicht ärgern wollte. Wir hatten es für seine Familie gebaut, ihm hatten wir einen Arbeitsplatz in der Baufirma verschafft. Zunächst war er fleißig und sorgte für seine Familie. Ich war stolz auf ihn. Doch seit Neuestem fehlte er immer öfter bei der Arbeit, holte sich einen Vorschuss, war verschwunden. Tauchte wieder auf, bekam eine neue Chance in der Firma. Dann kam eine Nacht mit Freunden und Alkohol, die mit einer fürchterlichen Schlägerei endete und für ihn mit einem gebrochenen Bein. Wieder konnte er wochenlang nicht arbeiten, und die Familie brauchte Geld. Die zwei Großen hatte ich auch aufgegeben. Beatrice war eine gute Geigenschülerin, aber sie kam einfach nicht mehr. Wir versuchten sie für die Haushaltsschule zu gewinnen, nach kurzer Zeit war auch da Schluss. Alex ist ebenfalls begabt, doch Akkordeon und Trommeln hatte er an den Nagel gehängt. Ich war mit meiner Phantasie am Ende.

Und nun kam die überraschende Einladung des Vaters, die wir nicht abschlagen konnten. Im Hof brutzelten Würste auf dem Grill, drinnen saßen viele Leute, festlich gekleidet, unter ihnen der orthodoxe Pfarrer mit seiner Frau. Sie feierten die Taufe des Jüngsten, David. Die Patin hatte das Festkind auf dem Schoß. Die Männer bekamen Bier, Frauen tranken Saft. Wir konnten gar nicht alles essen, manches Würstchen landete unterm Tisch für den Hund, der freudig mit dem Schwanz wedelte. Stanuz war glücklich, er nahm David auf den Arm und tanzte. Dann setzte er sich zu uns und schenkte sich Saft ein. »Saft?«, fragte ich. »Ja, seit dem gebrochenen Fuß trinke ich keinen Tropfen mehr. Das kann ich meiner Familie nicht mehr antun. Und noch einmal wird mich der Chef nicht wieder aufnehmen nach so einer Geschichte.« Seine Frau sah ihn verliebt an und nickte heftig. Das hieß: Auch wir würden dich nicht ein weiteres Mal zurücknehmen. Im anderen Raum saßen Beatrice und Alex mit ihren Freunden. »Und was ist mit den beiden?«, wollten wir wissen. »Beatrice hat einen Partner, sie wird bald heiraten. Aber Alex sollte arbeiten, er ist jetzt fertig mit der Schule. Kann er in eure Lehrwerkstatt kommen?« Alles schien uns erstaunlich und unfassbar, selbst das Haus war sauber und aufgeräumt.

Mein Mut war wieder da, wie am Anfang. Das lässt mich an den Beginn der Bibel denken: *Im* Anfang erschuf Gott Himmel und Erde; das bedeutet, dass der Anfang etwas Bleibendes ist. Die Schöpfungskraft fließt weiter. Wir sind nie am Ende, sondern immer »im Anfang«, wir haben immer neue Möglichkeiten. Mit Stanuz und seiner Familie habe ich mich durch seine Einladung auf ein Glas Saft plötzlich im Anfang wiedergefunden und gespürt, wie Gott Neues schafft. Auch mit uns als seinen Mitarbeitern. »Du bist im Anfang« ist für mich die Botschaft der Sozialarbeit, bei der ich oft mit Menschen zu tun habe, die scheinbar »am Ende« sind. In dunklen Momenten ist es entscheidend, den nächsten Schritt zu machen.

Im Anfang erschuf Gott Himmel und Erde.

GENESIS 1,1

Wir werden nie fertig

An welchen Tagen gehe ich zur Ruhe, obwohl ich noch nicht sehen kann, was aus der Arbeit wird?

Ruth Zenkert

Nie mehr will ich da schlafen, es ist schmutzig und nichts ist aufgeräumt!« Seit drei Jahren wohnte Ionela in unserer Gemeinschaft; nun besuchten wir wieder einmal ihre Mutter und Geschwister. Die Mutter hat zwölf Kinder von mehreren Männern und haust mit ihnen in einem einzigen Raum. Reines Chaos, keine Essensvorräte, die Kleinen schreien und werfen alles durcheinander. Ich war froh, als wir wieder gehen konnten, und freute mich, dass Ionela nicht mehr zurück wollte. Bei uns hatte sie eine andere Welt kennengelernt. Mit Sorgfalt ordnete sie ihre Kleidung in den Schrank, putzte die Schuhe, kehrte das Zimmer, half beim Kochen, deckte den Tisch.

Nun war es an der Zeit, den nächsten Schritt zur Selbstständigkeit zu gehen. Ionelas großer Bruder Ghiza arbeitet in der Tischlerei. Er bekam mit seiner Partnerin und ihrem Kind eine Unterkunft von uns. Seit er von der Mutter weg ist, hat auch er sich verändert. So wagten wir es, Ionela und ihre Schwester Paula bei ihnen einzuquartieren. Die beiden freuten sich, Ionela richtete sich ihr neues Plätzchen liebevoll ein: eine Ikone am Bett, das Deutschbuch auf dem Tisch. Wir besprachen, dass sie weiterhin alles bekommen würden, was sie brauchten, und immer in unserer Gemeinschaft willkommen seien. Morgengebet und Frühstück bei uns im Haus, danach Schule, Mittagessen und Hausaufgaben im Sozialzentrum, Abendessen gemeinsam. Am ersten Morgen warteten wir vergebens, kein Mädchen kam. Am zweiten klopften wir an die Türe, um sie abzuholen: nichts. Dann ließen wir es bleiben. Sie gehen pünktlich zur Schule, Paula lernt im Sozialzentrum, Ionela aber kommt nicht. Sie geht am Nachmittag zur Mutter und hilft, die vielen Kinder zu beaufsichtigen. Es zieht sie zur Familie, das ist gut. Aber zieht es Ionela auch wieder zurück in die Verwahrlosung? Wird sie die Schule abbrechen und bald Kinder haben, genauso überfordert wie ihre Mutter und Schwestern? Oder wird sie Boden unter den Füßen bekommen, um in die Zukunft zu gehen? Hat sie so viel Festigkeit, um die Familie mit auf ihren guten Weg zu nehmen?

Georg Fischer, Professor für Altes Testament in Innsbruck und Freund unseres Werkes, übersetzt in seinem neuen Kommentar den Bibelvers »und Gott nannte das Gewölbe Himmel« aus dem Hebräischen so: »und Gott nannte *die Feste* Himmel«. In unseren Alltag übertragen heißt das für mich, Gott gibt den Menschen festen Boden unter den Füßen, einen Standpunkt. Dann sehen wir den Himmel. Georg Fischer bemerkt auch, dass Gott am zweiten Tag mit seiner Arbeit nicht fertig wird; nur an diesem Tag heißt es im Schöpfungsbericht nicht: »Gott sah, dass es gut war.« Das klingt wie Solidarität mit einer Sozialarbeiterin. Wir werden nie fertig – ein Trost, wenn das schon bei Gott so begann.

Ein zweiter Tag in der Schöpfung, unvollendet. Doch wir haben Boden unter den Füßen bekommen und den Blick zum Himmel. Es bleibt noch zu tun, am nächsten Tag. Und mit Gott warten wir, bis wir sehen können, dass es gut war. Ich habe mich abgemüht, das ist die einzige Sicherheit, die mich schlafen lässt.

Und Gott nannte das Gewölbe Himmel.
Es wurde Abend und es wurde Morgen: zweiter Tag.

GENESIS 1,8

Die Taten zählen

Was erwarte ich von Menschen, die andere Wege gehen als ich? Wenn ich darauf schaue, was sie erreichen, verändert sich meine Einstellung.

Ruth Zenkert

Heute Morgen gibt es keinen Sitzplatz mehr in der Scheune, die wir als Kapelle eingerichtet haben. Sieben Frauen aus dem Dorf sitzen schon auf unseren Plätzen. Wochenlang haben sie jeden Morgen ab sechs Uhr in unserem Garten gearbeitet. Während sie draußen hackten und Unkraut jäteten, hörten sie, wie wir drinnen beteten und sangen. Manchmal konnte ich durch die Schlitze im alten Holz hinausspähen und sehen, wie sie sich beim Vaterunser aufrichteten und innehielten; bei einigen Liedern sangen sie mit. Nun haben sie beschlossen, mit uns gemeinsam zu beten. Sie singen aus ganzem Herzen und freuen sich, dass sie die Melodien schon kennen. Eine Mutter kniet sich auf den Boden, dankt Gott, dass wir zu einer Familie zusammengewachsen sind, und betet um Weisheit für ihre Kinder, damit sie einmal aus der Misere herauskämen. Eine andere dankt dafür, dass sie jetzt keine schlaflosen Nächte mehr habe, in denen sie nicht wisse, woher sie am nächsten Morgen das Brot für die Kleinen bekommen solle. Alle haben sie verbrauchte Gesichter und einen müden Blick, aber in diesem Moment strahlen sie eine Hoffnung aus, die unsere Kapelle erleuchtet. Mit neuer Kraft gehen wir hinaus ans Tagwerk.

Die Frauen setzen ihre Arbeit im Garten fort. Ich schaue ihnen nach. Dort wachsen Salat, Gemüse, Beeren. Die Wege sind mit großen Steinen eingefasst, die sie aus dem Bach geholt und weiß angemalt haben, die Tomaten mit bunten

Fäden angebunden, am Gartenzaun ranken lila blühende Klematis. Es ist der schönste Garten in Hosman. Die schönsten Früchte aber sind für mich die sieben Frauen, die mit Freude und Begeisterung gearbeitet haben und glücklich sind, weil sie den Lebensunterhalt für ihre vielen Kinder bestreiten können.

Zu verdanken haben wir diesen Garten Lucia, einer 19-jährigen Volontärin aus Österreich. An diesem Morgen bin auch ich glücklich und habe alle Problemchen vergessen, die es uns manchmal schwer miteinander gemacht haben. Wenn Lucia ein Anliegen hatte, platzte sie mitten in eine Besprechung: Jetzt sofort muss es gelöst werden! Hatten wir eine Regel ausgemacht, wussten wir schon vorher, dass sie sich nicht daran halten würde. Ständig war der Hof voller Frauen und Kinder aus dem Dorf, denen sie etwas versprochen hatte, was ich nun einlösen sollte. Wir hatten ein paar Fahrräder bekommen, sie gab sie den Kindern im Dorf. Am Abend waren die Räder nicht mehr da oder kaputt und Lucia hatte nichts mehr damit zu tun. Es gab oft Auseinandersetzungen mit den anderen Volontären, die manches Mal über die »Nebuna«, die Verrückte, lachten. Heute bin ich mit ihr versöhnt, denn immer wollte sie Gutes für die Familien im Dorf tun. Mit den Frauen hat Lucia mehr geschaffen, als ich mir erträumt habe.

Was erwarte ich von Menschen, die andere Wege gehen als ich? Wenn ich darauf schaue, was sie erreichen, verändert sich meine Einstellung.

Glaubt mir doch, dass ich im Vater bin
und dass der Vater in mir ist; wenn nicht,
dann glaubt aufgrund eben dieser Werke!

JOHANNES 14,11

Wie halten wir die Belastungen der Welt aus?

Bei wem finde ich Frieden?
Wo ist der Ort, an dem ich Zuversicht gewinne?

Georg Sporschill

Wieder ein Behördenbrief, dieses Mal vom Gesundheitsamt. Wir haben schon eine ganze Sammlung davon. Der Nachbar schreibt Beschwerden an alle Ämter, hetzt uns Kontrollen auf den Hals, holt die Polizei. Man kennt ihn, er war schon öfter in der Psychiatrie, auch weil er seine Frau misshandelt. Aber auf eine Anzeige muss man eben reagieren. Die Verfahren wurden bisher wegen Nichtigkeit eingestellt. Die »Lärmbelästigung durch Zigeunerkinder« wurde als harmlos eingestuft. Das Arbeitsamt fand bei uns keinen Mitarbeiter ohne Vertrag. Trotzdem kosten die Kontrollen und Beweislegungen Zeit, Geld und Nerven. Es ermüdet, sich neben aller Arbeit mit solch sinnlosen Attacken beschäftigen zu müssen. – Der Vater von Denisa ist betrunken und prügelt Frau und Kinder, sie fliehen von zu Hause. Denisa versteckt sich im Dorf auf einem Dachboden. – Dann kommt die Nachricht, dass eine gute Sozialarbeiterin einen Job in einer Fabrik in Deutschland gefunden hat und weg will. Wann? Morgen fährt der Bus, sagt sie. Wie kann man von heute auf morgen gehen, wie alle Beziehungen und die Familien hinter sich lassen, frage ich mich. Und wie finden wir so schnell eine Nachfolgerin? Manchmal erschlagen mich die Sorgen, wie soll man das aushalten? Am liebsten würde ich dem Nachbarn meine Meinung sagen; ein Glück, dass er mir jetzt nicht unter die Augen kommt. Unzuverlässige Mitarbeiter bringen das Werk ins Wanken. Die Familien überfordern uns mit ihren Problemen.

Ich gehe in unser »Rabenhaus« in Ziegental, dort kommen alle Helfer zum Abendessen zusammen. Iulian bringt Holz aus dem Hof und macht Feuer im Ofen. Gleich wird es warm. Roxi hat aus Mais eine herrliche Mamaliga gekocht, sie schneidet den Schafkäse in Scheiben. Sergiu hat im Garten gearbeitet und übt jetzt noch auf der Klarinette. Ein junger Bursche kommt herein und stellt sich vor: Florin, er möchte hier einziehen und wieder in die Schule gehen. Der Raum füllt sich, wir sitzen um den Tisch. Unsere Gemeinschaft wächst, noch mehr Jugendliche aus dem Dorf wollen kommen. Zu Hause haben sie keinen Platz und keine Zukunft. Angela möchte sie aufnehmen. Sie können in den Werkstätten mitarbeiten. Wo werden sie wohnen? Unsere Betten sind belegt. Bis spät in die Nacht sitzen wir noch zusammen. Das Feuer brennt, nicht nur im Ofen. Wir möchten das Haus hinter der Schule kaufen, um eine Wohngemeinschaft für Burschen zu gründen.

»In der Welt seid ihr in Bedrängnis; aber habt Mut: Ich habe die Welt besiegt.« Jesus bietet seinen Freunden einen Friedensraum an. Bei ihm finden sie Geborgenheit. Seine Souveränität macht ihnen Mut. Mit der durch diese Gemeinschaft gewonnenen Kraft können sie in die Welt hinausgehen und sie verändern.

Wer einen Ort des Friedens hat, hält die Belastungen aus, die jeder Tag bringt. Bei wem finde ich Frieden? Wo ist der Ort, an dem ich Zuversicht gewinne?

Dies habe ich zu euch gesagt, damit ihr in mir Frieden habt.
In der Welt seid ihr in Bedrängnis; aber habt Mut:
Ich habe die Welt besiegt.

JOHANNES 16,33

Eine junge Frau besiegt den Gewalttäter

Wie gelingt es, Machtverhältnisse umzudrehen?
Wo hast du eine Bedrohung mit Mut und
Geschick überwunden?

Georg Sporschill

Hinter der Glastüre am Eingang des Sozialzentrums standen einige mutige Hausbewohner und starrten gebannt auf die Straße. Der Polizeieinsatz der vergangenen Nacht saß ihnen noch in den Knochen. Jetzt stand Moise mit einem Pflasterstein in der erhobenen Hand draußen, er genoss es sichtlich, die Leute im Haus mit seinen Drohungen zum Zittern zu bringen. Zumal es nicht das erste Mal war, dass er die Türe zertrümmert hatte. Alle Zurufe halfen nichts, von »Leg den Stein weg, sonst bekommst du Hausverbot!« bis »Wir haben dir doch nichts getan!«. Im Gegenteil, Moise wurde immer wütender. Einer holte die Hausleiterin zu Hilfe, eine zierliche junge Frau. Sie öffnete die Türe und fragte Moise: »Kannst du mir erklären, warum ich so sehr in dich verliebt bin?!« Langsam und lachend ging sie auf ihn zu, bis sie neben ihm stand und aus der Schusslinie war. Moise konnte nicht anders – er lachte und fand keine Antwort. Sie umarmte ihn, und er merkte gar nicht, wie er den Stein fallen ließ.

Mit einer Frage hat die Hausleiterin den Eindringling entmachtet. Nichts anderes hat Jesus vor Pilatus getan. Der gefesselte Jesus, machtlos, steht vor dem prächtigen römischen Statthalter, der über Tod und Leben zu entscheiden hat. Das Gegenüber erinnert an den kleinen Hirtenjungen David, mit Lederbeutel und ein paar Steinen vor dem großen Goliath mit scharfem Schwert und einer klirrenden Rüstung. David fürchtet sich nicht vor dem Krieger aus dem Philistervolk. Er besiegt den Übermächtigen mit Mut und Geschick.

Tausend Jahre später steht einer aus dem Stamm Davids dem mächtigen Römer Pilatus gegenüber. Wieder ergreift der Machtlose die Initiative, wie der Hirtenjunge wird er zum Angreifer. Jesus übernimmt die Befragung des Richters.

Wer einen solchen Rollentausch riskiert, ist entweder verrückt oder eine geniale Führungsgestalt. Für David spricht der Erfolg. Jesus erringt die Hochschätzung des Pilatus, dieser behandelt ihn nicht wie einen Verbrecher, sondern wie eine Führungskraft. Das zeigt seine feige Antwort, die er nicht nötig hätte: »Bin ich denn ein Jude? Dein Volk und die Hohepriester haben dich an mich ausgeliefert. Was hast du getan?« (Johannes 18,35) Es klingt wie eine Ausflucht, Pilatus ist in die Defensive geraten. Es ist Jesus, dem Psychologen, wie seinem Vorfahren David gelungen, die Machtverhältnisse umzudrehen. Dasselbe hat die Hausleiterin mit ihrer gewitzten Frage beim gefährlichen Angreifer erreicht.

Es gibt eine äußere Macht, aber auch eine innere. Den Mächtigen ärgert die Unabhängigkeit des Schwachen, seine geistige Kraft. Ich darf selbst in der Überforderung durch eine Übermacht auf den Geist vertrauen. Wer sich mit äußerer Macht durchsetzt, erringt einen Pyrrhussieg. Die wahre Größe ist auf der Seite des Lauteren, des Gerechten, dessen, der authentisch ist.

Wo ist es mir gelungen, eine Übermacht mit seelischer Kraft zu besiegen? Wie gelingt es, Machtverhältnisse umzudrehen? Wo habe ich eine Bedrohung mit Mut und Geschick überwunden?

Jesus antwortete: Sagst du das von dir aus
oder haben es dir andere über mich gesagt?

JOHANNES 18,34

Beschreibe deinen Garten!

Welche Liebe, welches Kind, welche Aufgabe
ist dein Garten, wo du Freude, Arbeit und
Verzweiflung aushältst?

Georg Sporschill

Am liebsten hatte Ionuz, obwohl er nicht gut damit gehen konnte, die zu großen Gummistiefel an, weil er damit in die Pfützen springen und alle anspritzen konnte. Er war begeistert, wenn wir lange Wanderungen auf die Hügel über dem Dorf machten. Ich spürte seine kleine Hand, mit der er sich an meiner festhielt. Manchmal musste ich ihn schleppen, wenn er nicht mehr wollte, manchmal war er es, der mich ungestüm zog. Wir liefen durch die blühenden Wiesen und jagten Schmetterlingen nach. Ionuz war von seinen Eltern im Dorf zurückgelassen worden; sein Vater war vor einigen Jahren mit den zwei größeren Schwestern und einer neuen Frau nach Frankreich gegangen. Die Mutter hatte noch drei Kinder mit einem anderen Partner, da war kein Platz für Ionuz. Der betrunkene Onkel hatte ihn zu uns gebracht. Wenn ich auf unseren Ausflügen meinen kleinen Begleiter fragte: Wer ist dein Vater?, hoffte ich insgeheim, dass er antworten würde: Du! Er aber sagte ganz selbstverständlich: Jesus ist mein Vater.

Es gab viele schöne Augenblicke mit ihm, doch oft brachte uns Ionuz zur Verzweiflung. In der Hausgemeinschaft quälte er seinen kleinen Zimmergenossen so sehr, dass der heulend zu mir kam und weglaufen wollte. Ionuz stahl den Mädchen die Armbändchen. Die Lehrerin rief an, weil er eine Scheibe in der Schule eingeschlagen hatte. Er prügelte andere Kinder. In der Früh ging er mit der Schultasche brav von uns weg, aber nicht in die Schule, sondern zum Onkel. Bis wir ihn schweren Herzens vor die Wahl stellen mussten: Entweder gehst du in die Schule und kannst bei uns bleiben, oder du gehst zum Onkel in die Hütte. Dort ist es kalt und schmutzig, du wirst hungern. Ionuz ging. Manchmal sehe ich ihn auf der Straße, ganz blass, mit schmalem Gesichtchen. Er geht nicht mehr in die Schule, ist voller Dreck und Läuse. Mir tut das Herz weh. Aber Ionuz schaut mich mit klaren Augen an. Er ist nicht beleidigt, weil er gehen musste. Er nimmt mich an der Hand und geht einige Schritte mit mir. Er scheint nicht unglücklich zu sein, obwohl ich mir das gar nicht vorstellen kann. Willst du am Sonntag wieder mit mir auf unseren Hügel laufen?

Die Erziehung des Streuners ist der Garten, der mir anvertraut wurde. Ihn soll ich bearbeiten und hüten. So lautet der Auftrag, den der Mensch für den Garten Eden erhielt. In der Erziehung erleben wir die Wonne des Paradieses. Aber Erziehung ist auch Mühe, Überfordertsein, Aufgeriebenwerden. Verlassenwerden. Abschied als Sterben wie im Garten Getsemani, wo die Passion begann. Sie endete in der Auferstehung, die wieder in einem Garten geschah. Ionuz führt mich in den Garten Eden, in den Garten am Ölberg. Und obwohl ich es nicht erklären kann, sehe ich ihn mit Hoffnung. Einige Tage später steht er wieder an unserem Tor, abgemagert und übermüdet. Er zieht wieder zu uns.

Welche Liebe, welches Kind, welche Aufgabe ist dein Garten, in dem du Freude, Arbeit und Verzweiflung aushältst?

An dem Ort, wo man ihn gekreuzigt hatte,
war ein Garten und in dem Garten war ein neues Grab,
in dem noch niemand bestattet worden war.

JOHANNES 19,41

Gott eine Chance geben

Was bringe ich ein? Woraus kann der Auferstandene
das Neue, das Überraschende, das Große,
das Wunder wirken?

Ruth Zenkert

Immer wenn ich die Zufahrtsstraße nach Hosman passierte, stand am Wegrand ein großer, kräftiger junger Mann und schaute. Er grüßte, hatte aber keine Lust, sich in ein Gespräch verwickeln zu lassen. Manchmal sah ich ihn auch weit draußen an der großen Hauptstraße. Dann ging er mit schnellem Schritt, blickte auf den Boden und ruderte mit den Armen weit nach vorn und zurück. Eines Tages hielt uns sein Vater auf mit dem Anliegen, in seinem Häuschen ein Zimmer anzubauen. Sein Sohn Nicu sei schizophren und sehr gefährlich. Er könne nicht mit ihnen im gleichen Zimmer wohnen. Wenn er einen Anfall bekomme, schlage er alles kurz und klein. Seine Frau fürchte sich. Wir gingen mit dem Vater in das kleine Häuschen. Da saß der kräftige junge Mann, den ich von der Straße kannte, und schrieb. Wir fragten ihn, was er schreibe. Die Mutter fuhr sofort dazwischen: »Nur Blödsinn!« Wir schauten auf den Zettel. In gleichmäßigen Zügen waren dort viele Kringel und Bögen aufgezeichnet, die wie eine Mischung von georgischer und hebräischer Schrift aussahen. Er las uns vor, was er geschrieben hatte, und folgte beim Lesen mit dem Finger den einzelnen Buchstaben: von der Erschaffung der Welt, von Gott, über die Worte, wie sie sich in der Schöpfung formten. Nicu fragte, ob er von uns Stifte und dicke Hefte zum Schreiben bekommen könne. Die Mutter stöhnte: Wenn er Papier hat, schreibt er den ganzen Tag diesen Blödsinn, bis zum letzten Millimeter. Er habe einmal gearbeitet, hier im Dorf und in Spanien, dann in

Deutschland. Von dort sei er verrückt zurückgekommen. Seither schreibe er nur noch und mache Probleme. Er rauche hier im Zimmer und gehe nicht mal für seine Notdurft hinaus. Und nun insistierte der Vater: Baut uns ein Zimmer für Nicu! Doch dafür sahen wir keine Notwendigkeit.

Eines Tages stand vor dem Haus eine Palette mit Ziegeln, ein unausgesprochener Befehl an uns. »Ihr braucht kein Extra-Zimmer für Nicu«, sagten wir den Eltern. »Ihr müsst euch nicht vor ihm fürchten.« Immer wieder besuchten wir den kräftigen Burschen, er begann von sich zu erzählen und fragte jedes Mal nach neuen Heften. Oft las er aus seinen Büchlein vor, Phantasiegeschichten, die er in seine Aufzeichnungen verwoben hatte. Es gab keinen schizophrenen Anfall mehr. Die Mutter verlor ihre Furcht. Der Sohn blieb bei den Eltern wohnen. Eines Tages waren die Bausteine wieder von der Straße verschwunden.

Das Wunder setzt im Alltäglichen an. Die Schüler Jesu haben zwar schon gelernt, Menschen zu fischen, doch ihren Brotberuf üben sie weiterhin aus, um ihre Schule und ihre Familie zu ernähren. Ihr alltägliches Tun und was sie mit Mühe erreicht haben, nimmt Jesus auf. »Bringt von den Fischen, die ihr gerade gefangen habt!«

Ostern setzt im Alltag an. Was bringe ich ein? Woraus kann der Auferstandene das Neue, das Überraschende, das Große, das Wunder wirken?

Jesus sagte zu ihnen: Bringt von den Fischen,
die ihr gerade gefangen habt!

JOHANNES 21,10

Das fünfte Evangelium

Wie viele große und kleine Wunder erleben wir täglich?

Ruth Zenkert

Es gibt aber noch vieles andere, was Jesus getan hat. Wenn man alles einzeln aufschreiben wollte, so könnte, wie ich glaube, die ganze Welt die dann geschriebenen Bücher nicht fassen.« So lautet der letzte Vers des Johannesevangeliums. Er schließt das Evangelium nicht ab, sondern öffnet es. Der letzte Satz zwingt den Leser, auf das zu schauen, wovon noch nicht die Rede war, nämlich auf das, was Jesus in den Gemeinden, die sich auf ihn berufen, bewirken wird. Wer immer die Bibel, Altes und Neues Testament, liest und bedenkt, wird zum Tun geführt: in Konflikte eingreifen, zu Ungerechtigkeiten nicht schweigen, an Einsamen nicht vorbeigehen, sondern Beziehungen stiften. Das Leben wird zur Berufung. Wer könnte diese Dynamik fassen, die von der Bibel ausgeht! Sie macht mein Leben jeden Tag spannend. Jesus überrascht mich durch Trost und Aufträge bis zur Überforderung. Auf diese Weise kommt er mir liebevoll entgegen.

Hätte ich alles in meinem Leben selbst entscheiden können oder müssen, wo und wer wäre ich heute? Über viele Umwege, Schmerzhaftes und Glück bin ich in Hosman gelandet, einem Dorf in Siebenbürgen, mitten unter Roma-Familien. Wir brauchen keinen Fernseher, weil wir die wildesten Abenteuer, Romanzen, tragisches Unglück und Krimis täglich selbst erleben. Paula ist acht und wohnt seit zwei Jahren in unserer Gemeinschaft. Wir sind zusammengewachsen, sie vertraut uns und erzählt bei den sonntäglichen Spaziergängen die unglaublichsten Geschichten aus ihrer verwahrlosten Familie. Ob wahr oder unwahr, das

Kind schüttet sein Herz aus. Ein Dorfbewohner hat sich bei ihnen eingenistet, er ist in ihre Mutter verliebt und will nicht wahrhaben, dass sie ihn nicht erhören will. Alle schlafen in einem Raum, das Kind bekommt alles mit: Es gibt Streit, die Mutter schickt den Liebhaber weg. Paula hat Mitleid mit dem Verstoßenen und spürt, dass etwas nicht stimmt. In der Dunkelheit folgt sie ihm und sieht im Mondschein, wie er an einem Balken vor dem Haus baumelt. Sie rast ins Haus und sucht ein Messer. Ein Bruder wacht auf und kommt mit. Er klettert hinauf und schneidet das Seil durch. Der Körper plumpst auf die Erde. Der Bruder gibt dem Mann ein paar Ohrfeigen und der kommt wieder zu sich. Paula läuft zum Brunnen und bringt ihm Wasser. Paula erzählt mir diese Geschichte, weil sie den Mann oft sieht. »Ich habe ihn gerettet«, sagte das kleine Mädchen stolz, »er sagt mir jedes Mal: Guten Tag und danke.«

Wie viele große und kleine Wunder erleben wir täglich? Vielleicht nehmen wir sie gar nicht wahr. Wie oft bemerken wir nicht, dass wir Glück hatten, weil wir es als selbstverständlich voraussetzen? Wie oft sind wir dankbar, dass wir eine schwere Krankheit gar nicht erst bekommen haben? Jeder könnte das Evangelium weiterschreiben, das fünfte Evangelium. Es ist unseres. Ich versuche, die Wunder zu entdecken und im Herzen aufzuschreiben.

Es gibt aber noch vieles andere, was Jesus getan hat.
Wenn man alles einzeln aufschreiben wollte, so könnte,
wie ich glaube, die ganze Welt die dann
geschriebenen Bücher nicht fassen.

JOHANNES 21,25

Druck von unten und Aufträge von oben

Woher nimmst du deine Kraft?
Es gibt Worte, die größer sind als das eigene Leben.

Georg Sporschill

Als im Jahr 2011 Roma aus Frankreich nach Rumänien ausgewiesen wurden, war das für viele ein Offenbarungseid. Die einen waren schockiert, wie in der Europäischen Union mit Minderheiten umgegangen wird, andere liefen in das Lager von Politikern über, die Vorurteile nutzten, um Wählerstimmen zu sammeln. Deren Rechnung ging auf.

In dieser Zeit dachte ich an einen alten Freund in Siebenbürgen, der als einziger Sachse bei den vielen »braunen Brüdern und Schwestern«, wie er sie nennt, geblieben ist. Achthundert Jahre lang lebten in seinem Dorf Siebenbürger Sachsen. Nach der Öffnung des Eisernen Vorhangs gingen alle nach Deutschland. In ihre Häuser sind Rumänen eingezogen. Unten am Bach stehen die Hütten der »Zigeuner«, meist ohne Wasser, ohne Strom – das Roma-Ghetto. Die Leute haben keine Arbeit, denn ihre früheren Arbeitgeber, die Sachsen, sind ausgewandert. Das Ghetto liegt mitten in Europa und nahe von Klein-Wien – so wurde Hermannstadt/Sibiu einmal genannt.

Empörung oder Zustimmung zur Ausweisung von Staatsbürgern der Europäischen Union? Die Frage brennt: Wie gehen wir mit unseren Roma-Mitbürgern um? Wo liegt die Zukunft ihrer Kinder, die kaum Zugang zum Bildungs- und Gesundheitssystem haben? Mein Freund, der evangelische Pfarrer, der jeden Sonntag vor leeren Bänken predigte, schrieb das Wort: »Kommt!« Obwohl uns kein Übermut plagte, begannen wir ein neues Projekt unter dem alten

Motto »Für unsere Kinder«. Jetzt kommen sie aus den ärmsten Roma-Familien.

Den Weg nach Siebenbürgen habe ich nicht gesucht. Der Ruf kam aus der Not, dort und bei mir. »Woher kommt eure Motivation, etwas Neues zu beginnen?«, wollte ein 13-jähriger Gymnasiast wissen. Seine Frage führt zum letzten Wort, das Jesus vor der Passion an die Öffentlichkeit richtet. Er beantwortet die Frage, woher er seine Kraft nimmt. »Ich habe nicht von mir aus gesprochen, sondern der Vater, der mich gesandt hat, hat mir aufgetragen, was ich sagen und reden soll.« Mose empfing am Berg Sinai von Gott die Thora. Die Israeliten bekamen das Zehnwort als Auftrag, wie sie leben und der Welt dienen sollten. Ebenso empfängt Jesus von seinem Vater die Thora. Die Weisung, die er seinen Schülern gibt, wurzelt in der Thora des Mose, hat aber nicht Israel, sondern alle Völker als Adressaten. Sie sollen eine Ethik bekommen, die sie zum Frieden befähigt. Diese ungeheure Grenzüberschreitung von Israel zu den Völkern, die zur Gründung der christlichen Kirche führte, kann Jesus gelingen, weil der Auftrag nicht von Menschen, sondern von Gott stammt. Deshalb betont Jesus in der entscheidenden Stunde seines Lebens, dass es nicht menschliche Kräfte sind, die ihn stark machen, sondern die Sendung von oben und das Mitgefühl mit den Menschen, die keinen Hirten haben.

Es gibt Worte, die meine Kräfte überflügeln. Der Anspruch kommt von außen, eine Not zwingt mich, zu handeln oder ein Auftrag verpflichtet mich. Daraus kann Überraschendes und Größeres entstehen, als ich es geplant habe. Woher nimmst du deine Kraft?

Denn ich habe nicht von mir aus gesprochen, sondern der Vater, der mich gesandt hat, hat mir aufgetragen, was ich sagen und reden soll.

JOHANNES 12,49

Nicht mit den Hunden heulen

Wo begegne ich dem Bösen?
Wann wurde es für mich gefährlich?

Ruth Zenkert

Der deutsche Student lag auf dem Boden, mit rotem Kopf, die Nickelbrille daneben. Hitzschlag. Mit Freunden war er nach Rumänien gekommen, um hier im Roma-Viertel Licht in die stromlosen Hütten zu bringen, mit dreißig »Solar-Kits«: Eine kleine Solarzelle, die eine Glühbirne speist, wird auf das Dach montiert. Keine laufenden Kosten, eine geniale Idee. Der Bürgermeister gab den Studenten eine Liste mit Namen armer Familien, an die erste Stelle setzte er sich selbst. Beim letzten Haus gingen den Idealisten die Kräfte aus. Doch sie freuten sich mit den Dorfbewohnern auf das Licht. Drei Wochen später war an keiner Hütte mehr eine Solarzelle zu sehen. Verscherbelt, sicherlich weit unter dem Wert, wahrscheinlich für Zigaretten, Kaffee oder Schnaps. Nur die Solarzelle des Bürgermeisters war noch in Betrieb – obwohl er sie gar nicht brauchte, weil er Strom hat. »Siehst du, es hat keinen Sinn. Die Zigeuner verkaufen alles, was du ihnen gibst. Man kann ihnen nicht helfen«, so heulte er mit den Hunden.

Dieser Satz schlug mir entgegen, als ich selbst im Dorf mit einem Sozialprojekt begann. Warum kommt solch eine gute Idee nicht an?, fragte ich mich. Da muss etwas schiefgelaufen sein. Es motivierte mich noch mehr, mich hier für die Menschen einzusetzen. Inzwischen sind drei Jahre vergangen. Wir bauten Lehrwerkstätten auf. Ich kämpfte um Victor, einen Jugendlichen, der allein in einer Hütte wohnte, die Eltern hatten ihn zurückgelassen. Er ging nicht mehr in die Schule, schlug sich als Tagelöhner durch. In der Werkstatt hielt er es nur wenige Tage aus, dann war er wieder verschwunden. Der Meister kam entnervt zu mir, er wolle Victors Platz mit einem anderen besetzen. »Mit Victor hat es keinen Sinn. Den kannst du vergessen«, hörte ich mich selbst sagen. Weil Victor nicht der Einzige war, der unregelmäßig kam, begann ich am ganzen Projekt zu zweifeln. Vielleicht wollen sie wirklich nicht arbeiten und warten nur auf die Pakete, die von den Hilfsorganisationen gebracht werden? Nein! Ich dachte an die Solarlampen und an die bösen Töne gegen die Roma. Nie möchte ich in den Refrain einstimmen, dass bei den »Zigeunern« alles sinnlos wäre. Wir werden den Weg weitergehen und die Jungen für das Lernen und die Arbeit gewinnen.

»Bewahre uns vor dem Bösen«, lehrt uns Jesus zu beten. Es ist die letzte Bitte im Vaterunser. Jesus hat das Böse erlebt, das in der Welt ist und jedem begegnet: durch Menschen, die dich bedrohen, oder in Gestalt von Krisen, Kriegen, Verleumdung, Gier, Vorurteilen. Böse ist auch, wenn Ängste vor Fremden und Flüchtlingen geschürt werden. Jesus will, dass wir uns in die Welt mit ihren Problemen hineinwagen, die Not berühren. Nicht in der Vorsicht, sondern im Zupacken gibt er uns die Sicherheit, dass wir vor dem Bösen bewahrt werden. Nur nicht mit den Hunden heulen. Die Vaterunser-Bitte »Bewahre uns vor dem Bösen« hat mir geholfen, nicht über die Roma zu schimpfen, nicht über sie, sondern mit ihnen zu reden.

Ich bitte nicht, dass du sie aus der Welt nimmst,
sondern dass du sie vor dem Bösen bewahrst.

JOHANNES 17,15

Gegen den Zynismus

Wo hast du etwas zu sagen?
Wann musst du Verantwortung übernehmen?
Für den Mut, die eigene Macht einzusetzen.

Ruth Zenkert

Ein Schwarm Fliegen schwirrte hoch, als ich in die Hütte schaute. Das aufgeregte Summen legte sich schnell, dann ließen sie sich wieder auf den Gesichtern der Kinder nieder. Keines wachte auf, sie waren es gewöhnt, dass die lästigen Insekten auf Augen, Nase und Mund hockten. Wo war die Mutter? Von draußen kam der fünfjährige Antonio, der Älteste, ziemlich verdreckt. Ob sie heute schon etwas gegessen hätten, fragte ich ihn. Er schüttelte den Kopf. Die Mama sei seit gestern im Nachbardorf, der Papa vielleicht bei der Schafherde. Ich schickte ihn Brot und Milch kaufen. Valentina, ein knappes Jahr alt, rührte sich nicht. Es roch furchtbar in der Hütte, und als ich die Wolldecke anhob, sah ich, warum. Wir liefen nach Hause und holten Seife und ein Handtuch. Meine Begleiterin weckte die drei schlafenden Kinder, und wir zogen zum Dorfbrunnen. Dort wuschen wir die kleinen Frösche, die geduldig alles über sich ergehen ließen. Wir wickelten sie in viel zu große Hemdchen und selbst der Bub Darius war glücklich in einem Rock. Das karge Essen verschlangen die Kinder in Windeseile. Valentina war ausgetrocknet und ganz schlapp. Antonio sagte, sie habe ständig Durchfall. Bei der Ärztin im Dorf warteten wir lange vor der kleinen Praxis. Ein kahler betonierter Gang, zum Hinsetzen gab es nur einen Autositz, der ständig umkippte. Die Ärztin empfing uns mit muffiger Miene und untersuchte Valentina lieblos. Kein Fieber, sie reagiert mit den Augen, Untergewicht – kein Grund zur Panik. Mit einer Probepackung Milchpulver schickte sie uns weg. Da standen wir mit Valentina auf der Straße. Wir informierten das Kinderschutzamt: Hier sind fünf kleine Kinder, ohne Eltern, das Baby braucht sofort medizinische Hilfe! Stunden später kam eine Sozialarbeiterin in hohen Stöckelschuhen zur Hütte der Kinder. Vom Zaun her rief sie: »Was wollt ihr denn? So wie die leben fast alle hier, da müsste ich das ganze Dorf ins Kinderheim mitnehmen. Die Alte soll sich das vorher überlegen, ob sie Kinder macht.« Und wenn ich Valentina selbst ins Spital brächte? Das habe keinen Sinn, ohne Mutter dürften sie das Kind nicht nehmen. Auch angesichts der fast leblosen Valentina in meinem Arm rührte sich das Herz der Sozialarbeiterin nicht, sie zog wieder ab. Wenn wir sie zu uns nähmen, machten wir uns strafbar, warnte sie uns noch. Wir riefen die Rettung an.

Die Ärztin und die Beamtin nahmen ihre Verantwortung für ein Menschenleben nicht wahr, genauso wenig wie Pilatus. Er war der römische Statthalter der Provinz Judäa zur Zeit Jesu und hatte als solcher das Recht und die Macht, ein Todesurteil zu fällen. Er aber wollte sich in die Angelegenheiten der unterdrückten Juden nicht einmischen und schob ihnen den Ball zu. Zynisch, denn sie hatten gar keine Kompetenz zu einem solchen Urteil. Pilatus fand keine Schuld am angeklagten Jesus – und ließ ihn doch kreuzigen.

Zynisch ist es auch, wenn ich Ohnmächtigen die Entscheidung überlasse. Macht haben und sie nicht einsetzen, wegschauen – das ist tödlich.

Pilatus sagte zu ihnen:
Nehmt ihr ihn doch und richtet ihn nach eurem Gesetz!

JOHANNES 18,31a

Ein freier Vogel reizt den Tiger im goldenen Käfig

Kriecher langweilen den Mächtigen.
Der Freie aber provoziert ihn. Wen provozierst du,
weil du unabhängig bist?

Ruth Zenkert

Ein Bildhauer und ein Geschäftsmann – es sollte eine spannende Beziehung sein, weil sie einander viel zu geben hatten. Der Geschäftsmann hatte eine neue Wohnanlage in Wien errichten lassen, der Bildhauer sollte den zentralen Begegnungspunkt gestalten. Bald aber kam es zu Spannungen, weil der Geschäftsmann sich daran gewöhnt hatte, dass alle vor ihm krochen, wegen seines Reichtums, seines Jähzorns, aus Angst um Arbeitsplatz oder Aufträge. Der Machtmensch verstand es gekonnt, die Abhängigen antreten zu lassen. Widerrede erhielt er schon lange nicht mehr, seine Umgebung wagte nicht einmal zu fragen. Umso mehr reizte ihn der Künstler, weil er in ihm Unabhängigkeit, geistige Tiefe spürte. Er strahlte etwas aus, was den Mächtigen faszinierte. Doch nun erwies es sich, dass diese Unabhängigkeit auch ihm gegenüber galt. Der Bildhauer weigerte sich, jede unausgegorene Idee des Tycoons widerspruchslos umzusetzen und als bloßer Befehlsempfänger zu dienen. Er pochte auf seine künstlerische Freiheit. Welche Frechheit! Als eines seiner bewährten Mittel setzte der Geschäftsmann sein Gebrüll ein, das die Gegenüber sonst immer betreten zum Schweigen brachte. Der Künstler aber fragte ruhig: Warum schreien Sie mit mir? In einem letzten Aufbäumen schrieb der Geschäftsmann einen Brief, in dem er sich alle Aggression von der Seele kotzte und den unabhängigen Geist wüst beschimpfte. Wut und verbale Prügel für einen, in dem er doch etwas Großes ahnte. Was hatte den Geschäftsmann so gereizt?

Gereizt hat auch Jesus seine Zeitgenossen. Sein Anblick provozierte die religiösen Anführer, Pilatus, die Soldaten. Vor ihnen, den Mächtigen, stand der Angeklagte. Sie nannten ihn König und verspotteten ihn als solchen. Doch aus den Augen des gefesselten Jesus strahlte eine Freiheit, die sie faszinierte und zugleich überforderte. Die bewaffneten Soldaten wurden von ihm gleichsam in Bann gezogen. Sie verloren ihre Souveränität und schlugen ihm ins Gesicht.

Als Jesus starb, drückte der Hauptmann aus, was er spürte: »Wirklich, dieser Mensch war ein Gerechter.« (Lukas 23,47) Später sollte Jesus vielen Menschen im Römischen Reich einen freien Geist schenken. Denen, die in weltlicher Hinsicht alles besaßen, und denen, die versklavt und geistlos leben mussten. Durch sein Leben und seinen Tod hatte Jesus, der König der Juden, allen Völkern das Tor zu einem Leben in Gerechtigkeit und Unabhängigkeit von weltlichen Fesseln geöffnet. Denen, die ihn misshandelten, gab Jesus ein neues Gesicht. Aus entwürdigten Sklaven wurden Gottes Söhne.

Wahrscheinlich kann der Geschäftsmann nie Freund mit dem Künstler werden. Der freie Vogel reizt den Tiger, der im goldenen Käfig sitzt. Der Mächtige will heraus und kann es nicht. Kriecher langweilen ihn, der Freie aber provoziert ihn. Das ist sein ganz besonderer Kerker.

Wen provozierst du, weil du unabhängig bist? Welchen freien Menschen kennst du?

Die Soldaten traten an ihn heran und sagten:
Sei gegrüßt, König der Juden! Und sie schlugen ihm ins Gesicht.

JOHANNES 19,3

Schweigen oder Reden

Welche Macht ist größer?

Georg Sporschill

Gerade hatte ich Armando schlafen gelegt, das war meine letzte Aufgabe als sein Taufpate. In der orthodoxen Kirche war er an Stirn, Händen und Füßen mit wohlriechendem Öl gesalbt und dann ganz in warmes Wasser eingetaucht worden. Alles hatte er geduldig über sich ergehen lassen, jetzt war er müde. Die Festfamilie war im Hof und tanzte, schöne junge Roma-Mädchen und fesche Burschen. Ein Platzregen vertrieb uns unter das kleine Vordach. Eng zusammengedrängt saßen wir da und plauderten. Da brach ein Fremder herein, ein Österreicher mit Begleitung, und setzte sich dazu. Er begrüßte mich, redete aber kein Wort mit mir. Ich ahnte, wer er war. Seit Tagen trieb er sich in unserer Gegend herum und suchte als Wissenschaftler Fakten über Roma. Wochen später erhielt ich ein langes Mail mit Fragen, wie man sie einem Schüler stellt, durchnummeriert und etwas barsch formuliert, Fragen an den »Fachmann für Roma-Fragen« mit »Vor-Ort-Kompetenz«. Eine wohlwollende Absicht war nicht herauszulesen. Da ich das Zusammenleben mit Roma als ein Grundprinzip vertrete, wolle er wissen, wie viele Roma in meinem »geräumigen Haus« wohnten und ob diese, »soweit sie nicht von Leistungen Ihrer Projekte abhängig sind, ein solches Zusammenleben wünschen«. Als würden die zwölf und mehr Bewohner in unserem Haus eingesperrt leben! Da der Herr bei unserer Tauffeier uneingeladen mit mir am Tisch gesessen und kein Gespräch gesucht hatte, beantwortete ich seine schriftlichen Fragen nicht. Ich nahm an, dass er gar nicht damit gerechnet hatte. Oh doch, es folgte bald ein weiteres Mail mit denselben

Fragen und dem Zusatz, dass er eine Veranstaltung einberufe, um seine Recherchen darzustellen. Dazu brauche er Informationen vom Roma-Spezialisten. Wahrscheinlich, um von allem, was ich sagte, das Gegenteil beweisen zu können.

Das Machtverhältnis im Gegenüber von Pilatus und Jesus täuscht. Pilatus erscheint als allmächtig, wenn er dem Gefangenen die rhetorische Frage stellt: »Weißt du nicht, dass ich Macht habe, dich freizulassen, und Macht, dich zu kreuzigen?« Und doch erweist sich Jesus als mächtiger als sein Richter. Er bezieht Souveränität nicht aus der äußeren Welt, sondern von innen, aus seiner Überzeugung, aus seinem Gewissen. Ähnlich wie Franz Jägerstätter, als er den Kriegsdienst verweigerte. Die damalige Übermacht hat sich aufgelöst, das Schweigen des Pazifisten wirkt heute noch nach.

Die Macht, die zerstören will, kommt von unten, die Macht, die den Frieden sucht, kommt von oben. Wenn die Absichten so unterschiedlich sind, ist ein Gespräch kaum mehr möglich. Jesus schweigt und entlarvt auf diese Weise die innere Machtlosigkeit des äußerlich so Großen. Wir dürfen darauf vertrauen, dass bei allen momentanen Widerwärtigkeiten die gute Absicht, die Macht von oben, sich durchsetzt. Bis dahin ist Schweigen angesagt. Der Wissenschaftler war dem direkten Gespräch aus dem Weg gegangen. Seine schriftlichen Fragen aber verrieten seine uneingestandene Absicht, unserem Werk zu schaden. In solchen Fällen ist es besser, ein Gespräch zu verweigern.

Da sagte Pilatus zu ihm:
Du sprichst nicht mit mir? Weißt du nicht, dass ich Macht habe,
dich freizulassen, und Macht, dich zu kreuzigen?

JOHANNES 19,10

Zu viel des Guten

Wer führt dir dein eigenes Ziel vor Augen?
Welcher scheinbar Unerträgliche vertritt und lebt deine Ideale – auf neue und verrückte Weise?

Ruth Zenkert

Wenn noch einmal einer bei den Dörflern Schulden macht, muss er gehen«, hatte ich unsere Volontäre gewarnt. Ich konnte mich kaum noch auf die Straße wagen, weil unsere Leute überall Geld ausliehen. Die Nachbarn redeten mich darauf an und wurden ungeduldig. Um unseren Ruf zu retten, hatte ich es oft zurückbezahlt und musste es dann mühsam wieder eintreiben. Doch meine Drohung schien nichts bewirkt zu haben, schon wieder hatte Niculae im Lebensmittelgeschäft Geld geborgt, und zwar eine ungewöhnlich hohe Summe. Ich wollte ihn zur Rede stellen, aber er war verschwunden; zwei Nächte war er nicht mehr nach Hause gekommen, hieß es. War er aus schlechtem Gewissen gegangen? So konnte man doch nicht mit der Gemeinschaft umgehen!

Am nächsten Mittag läuteten die Glocken der orthodoxen Kirche. Fast hätte ich das Begräbnis der Nachbarin vergessen! Ich lief schnell in den Hof der Nachbarn, wo die Tote aufgebahrt war, der Pfarrer hatte schon mit den Gebeten begonnen. In der Eile hatte ich mich nicht schwarz angezogen, ja, wir hatten nicht einmal ein Bouquet besorgt, was bei einer Beerdigung in Rumänien ein Muss ist. Hoffentlich bemerken die Angehörigen es nicht, dachte ich beklommen. Dann zogen wir mit dem Sarg zum Friedhof hinauf. Ganz vorne mit der Familie – ging Niculae, in einem eleganten, etwas zu großen schwarzen Anzug, mit spitzen Lackschuhen, ein großes Blumengesteck in Händen. Auf der Schleife konnte ich lesen: »Tanti Stella, wir werden dich nie vergessen. ELIJAH und Niculae.« Als ich der weinenden Tochter am Grab mein Beileid wünschte, sagte sie: »Niculae hat mit mir die letzten Nächte die Totenwache gehalten. Ohne ihn hätte ich es nicht überstanden.«

Niculae ist ein schwieriger Mensch. Mit Geld kann er überhaupt nicht umgehen. Wenn er nicht gerade Schulden macht, dann stiehlt er. Und verteilt aus vollen Händen wie Robin Hood. Aber hatte er dieses Mal nicht mehr als alle anderen unsere Gemeinschaft zum Leuchten gebracht? Er war es gewesen, der die Trauernden tröstete.

Als die Hohepriester schreien: »Hinweg, hinweg, kreuzige ihn!«, lässt Pilatus sie provokant wissen, dass sie gegen ihren eigenen König vorgehen. Jesus hat auf seine gottgewollte Weise das Ideal des Judentums erfüllt, Licht für die Welt zu sein, dem Frieden zu dienen, die Werke der Barmherzigkeit zu tun – an allen Menschen. Die Fremden sind den Juden von Gott per Gesetz ans Herz gelegt. An ihnen sind die Werke der Barmherzigkeit zu tun: Trauernde zu trösten, Hungernde zu speisen, Nackte zu bekleiden. Jesus hat auf eine Weise, die seine jüdischen Mitbürger provoziert, die Fremdenliebe, die das Herz der Torah ist, umgesetzt. Bis er selbst in der Kreuzigung den Fremden ausgeliefert, der heidnischen Welt übergeben wird, als Heil, als Lebensweg.

Unser Niculae ließ alle Warnungen, alle Regeln der Gemeinschaft hinter sich und riskierte Konflikte, um das Entscheidende zu tun.

Sie aber schrien:
Hinweg, hinweg, kreuzige ihn! Pilatus sagte zu ihnen:
Euren König soll ich kreuzigen? Die Hohepriester antworteten:
Wir haben keinen König außer dem Kaiser.

JOHANNES 19,15

Eine Quelle der Achtsamkeit

Durch welche Wunde hast du ein Gespür
für Gerechtigkeit bekommen?
Welche Verletzung macht dich sensibel?

Ruth Zenkert

Ich saß vor unserem Sozialzentrum Habakuk in Ziegental und ließ mich von der Sonne bescheinen. Nach dem strengen Winter genoss ich die Strahlen des Frühlings, noch mehr aber das lebhafte Treiben unserer Kinder auf dem Spielplatz. Auffällig war, dass ein Mädchen nicht mitmachte. Sie hockte in der Ecke. Und wo war der neue Volontär? Erst jetzt entdeckte ich ihn mitten im Knäuel der raufenden Burschen. Alle hatten sich an Felix gehängt und wollten ihn zu Fall bringen. Dann befreite er sich – und ging zu dem Mädchen. Sie wandte sich ab, wollte nicht mitspielen. Die Burschen zerrten an seinem Pullover, doch er blieb bei dem Mädchen – bis sie plötzlich aufstand und mitmachte. Von ihr ließ er sich letztlich beim Raufen zu Boden strecken. Sie war glücklich.

Als wir über den Hügel heimgingen, fragte ich Felix: »Kennst du das Mädchen?« Er überlegte: »Ich glaube, sie heißt Roxi. Ich weiß noch nicht alle Namen. Aber sie ist immer ausgestoßen, und ich will, dass sie dazugehört.« Mich beeindruckte der Bursche und ich fragte ihn, wo er diese Achtsamkeit gelernt habe. »Weißt du, in der Schule ging es mir so beim Turnen. Beim Fußball durften die zwei Besten ihre Mannschaft auswählen, Mann für Mann. Jeder wurde beim Namen gerufen – bis zum Letzten. Der war immer ich, weil ich schlecht im Sport und eine Belastung für die Mannschaft war. Der Lehrer hat mich dann der besseren Gruppe zugeteilt, die würde mich verkraften. Ich habe sehr gelitten.«

Wer selber einmal verletzt wurde, kann zu tieferer Beziehung fähig werden. So wird eine Wunde zur Quelle des Geistes – eines Geistes der Barmherzigkeit, der Freundschaft, einer Liebe, die über weltliche Interessen hinausgeht. Das beschreibt das Johannesevangelium mit einer Episode von der Kreuzigung Jesu. »Einer der Soldaten stieß mit der Lanze in seine Seite, und sogleich floss Blut und Wasser heraus.« Es ist ein römischer Soldat, ein Repräsentant der Völker, denen Jesus das Heil bringen will, der die Lanze in dic Seite Jesu rammt. Aus dieser Aggression wird Gnade.

Blut und Wasser fließen aus dem Herzen Jesu. Blut ist das Bild für Hingabe und Verbundenheit. »Wer … mein Blut trinkt, der bleibt in mir und ich bleibe in ihm.« (Johannes 6,56) So stiftet Jesus seine Gemeinde aus den Völkern. Es ist die Blutsverwandtschaft zwischen ihm und denen, die zum Glauben an ihn kommen. Diese Verbundenheit erleben die Christen im Abendmahl. Und das Wasser ist das Symbol für den Geist. Jesus sagt über den Menschen, der sich ihm anschließt: »Aus seinem Inneren werden Ströme von lebendigem Wasser fließen. Damit meinte er den Geist, den alle empfangen sollten, die an ihn glauben« (Johannes 7,38f). Wie das lebendige Wasser aus dem Leib Jesu fließt, so wird das Wasser aus dem Leib seiner Gemeinde fließen.

Es ist der Geist, wie ihn Felix hat, seine Achtsamkeit und sein Einsatz. Aus einer frühen Verletzung wurde eine Quelle tiefer Menschlichkeit.

Durch welche Wunde hast du ein Gespür für Gerechtigkeit bekommen? Welche Verletzung macht dich sensibel?

Einer der Soldaten stieß mit der Lanze in seine Seite
und sogleich floss Blut und Wasser heraus.

JOHANNES 19,34

Ihr seid Richter der Welt

Wegschauen. Ich bin überfordert. Es ist nicht meine Aufgabe. Was tue ich, wenn Unrecht geschieht?

Ruth Zenkert

Mit einem Affenzahn raste Novac mit dem Fahrrad davon, ich sah nur noch Staubwolken. Freunde waren angekommen und hatten einige Sachen gebracht, die wir gerade aus dem großen Auto ausluden. Schnell bildete sich eine Traube von Neugierigen – und vor allem Gierigen, die ihre Wünsche anbringen wollten. Ahnungslos gaben die Freunde die Pakete den Leuten, die ihre Mithilfe als Anrecht auf ein Geschenk verstanden. Wir hatten alle Mühe, die Sachen ins Haus zu bringen, damit wir sie am nächsten Tag in Ruhe an die wirklich Bedürftigen verteilen konnten. Diese Situation nutzte auch die junge Dorfbande, sie war höchst interessiert an den modernen Fahrrädern. Und so passierte es, dass Novac das tolle Mountainbike nicht in unseren Hof stellte, sondern davonrauschte. Ich sagte der wilden Bande, sie sollte Novac nachlaufen und das Rad zurückbringen, dann hätten sie eine Chance, eines zu bekommen. Sie druckslten bloß herum. Unseren Mitarbeiter fragte ich, warum er nicht besser aufgepasst habe und ob er nicht zu Novacs Vater gehen könne, um das gestohlene Rad zurückzuholen. Doch er hatte Angst. Dann blieb wohl nichts anderes übrig, als selber mit Novac zu reden. Vorher wollte ich noch schauen, dass die Gäste etwas zu essen bekamen. Da sah ich wieder eine Staubwolke. Victor bremste scharf vor mir – mit dem gestohlenen Fahrrad. »Das gehört sicher euch?«, fragte er und schob das Rad in unseren Hof. »Ich habe gesehen, dass ein ausländisches Auto ins Dorf fährt. Und dann kam Novac mit einem neuen Rad … ich habe ihn gestoppt, und er hat zugegeben, dass er es geklaut hat.« »Danke, lieber Victor! Das Fahrrad gehört dir.« Victor ist Lehrling in unserer Tischlerei, er wird sicher eine gute Führungskraft.

Mich hat beeindruckt, wie Victor ins Geschehen eingegriffen hat. Er hat nicht gesagt: Was geht mich das an? Er ist nicht feig ausgewichen, er hat sich nicht kleingemacht und gesagt: Was kann ich schon tun? Nein, er hat beherzt das Unrecht aufgedeckt und das Diebesgut zurückgebracht. Alles war wieder dort, wo es hingehörte. Das meint Jesus, wenn er seinen Schülern zutraut: »Denen ihr die Sünden erlasst, denen sind sie erlassen.« Er ermächtigt seine Schüler, sich für die Schöpfungsordnung einzusetzen. Im biblischen Sinn heißt das, als Erstes die Schwachen zu schützen und Ungerechtigkeiten zu beseitigen. Jesus setzt seine Schüler als »Richter für die Welt« ein. Ihre Aufgabe ist es, zwischen Gerechten und Frevlern zu unterscheiden. Sie werden den einen entgegentreten und für die anderen eintreten, sie aufrichten. Dazu stattet Jesus seine Schüler mit göttlicher Vollmacht aus. Niemand soll sagen: Das ist Aufgabe der anderen, Kompetenz des Klerus. Nichts können wir auf die Chefs oder gar auf Gott abschieben. Nein, wir haben von Jesus den Auftrag und sogar die Ermächtigung. Wie ernst es Jesus ist, zeigt seine Drohung: »Denen ihr die Sünden behaltet, sind sie behalten.«

Wegschauen. Ich bin überfordert. Es ist nicht meine Aufgabe. Was tue ich, wenn Unrecht geschieht?

Denen ihr die Sünden erlasst, denen sind sie erlassen;
denen ihr sie behaltet, sind sie behalten.

JOHANNES 20,23

Wie innere Kräfte geweckt werden

Es ist ein entscheidender Unterschied,
ob du über die Not redest oder sie berührst. Wann ist dir
ein Mensch begegnet, der dich gebraucht hat?

Ruth Zenkert

Das Gespräch mit Paco, einem Spanier, war deprimierend. Er hat in unserem rumänischen Dorf eine Parkettfabrik, die er fast auf Nullbetrieb reduzieren musste, weil er im Land kein Eichenholz mehr bekommt. Alles wird an die Chinesen verkauft, sagt er. Die meisten Mitarbeiter sind entlassen, die Fachkräfte sind noch da, aber ohne Arbeit. Kannst du mir nicht deinen Tischler leihen, solange ihr nichts zu tun habt?, frage ich ihn. Da Paco nur Spanisch spricht, übersetzt sein Mitarbeiter Andrei das Gespräch. Als wir auf dem Weg zurück sind, läutet das Telefon. Es ist Andrei. Er sagt: Ich möchte zu euch kommen! Ich übernehme die Tischlerei. Wir verhandelten – und er begann. Aber dann kam das Erwachen: In unserer Tischlerei sind keine Tischlergesellen, wie er sie gewohnt war, sondern Jugendliche, die nie im Leben in einer Schule waren oder gearbeitet haben. An den ersten Tagen war morgens keiner zur Stelle. Andrei wollte seine Aufträge erledigen, dann eben ohne seine Schüler, allein. Auf keinen Fall, kämpfe um sie, hole sie aus ihren Hütten, ermutigte ich ihn. Gemeinsam mit Florin suchte er seine Kandidaten auf. Als er sah, wie sie hausten, verstand er, dass sie nicht pünktlich zur Arbeit kommen konnten. Ohne Licht und ohne Uhr, in der kalten Hütte, wo die Eiszapfen von der Decke hingen. Er machte mit ihnen sauber. Er setzte Türen und Fensterstöcke ein. Er baute mit ihnen Betten und besorgte Matratzen. Am Wochenende machten sie Ausflüge, gingen fischen. So gewann er seine Lehrlinge, Neue kamen dazu. Sie lernten die Zahlen, um den Maßstab lesen zu können. Andrei kennt alle ihre Probleme. Trotz seiner ursprünglichen Angst vor dem Elend hat er ihre Hütten betreten. Das hat ihn fähig gemacht, ihnen zu helfen. Heute hat Andrei eine treue Schar von Burschen, die auf ihren Meister schwören. Sie arbeiten an den großen Maschinen und fertigen die Möbel für unsere Sozialzentren.

Andrei hat mit Thomas im Evangelium gemeinsam, dass sie die Wunden berühren mussten. Die eigene Erfahrung der Not hat Andrei zum Aufbruch gebracht, genauso wie Thomas zum Glauben fand, als er an den Händen und an der Seite Jesu die Wunden berühren konnte. Wer von der Not gepackt wird, muss etwas tun. Er spürt in sich ungeahnte Kräfte und ein bedingungsloses Muss: Ich kann und muss etwas tun. Ein Beispiel: Ganz unterschiedlich ist der Ton in Gesprächen mit Menschen, die Flüchtlinge aufgenommen haben oder auch nur einen Flüchtling persönlich kennen, und mit anderen, die das Thema nur aus den Medien und aus dem Mund von Wahlkämpfern kennen. Die einen sehen bloß die Probleme, die anderen glauben an Lösungen.

Es ist ein Geschenk, die Hände oder den Finger in eine Wunde legen zu dürfen. Glaubenskraft und Mut werden freigesetzt. Der entscheidende Unterschied ist, ob du über die Not redest oder sie berührst. Wann ist dir ein Mensch begegnet, der dich gebraucht hat?

Dann sagte er zu Thomas:
Streck deinen Finger hierher aus und sieh meine Hände!
Streck deine Hand aus und leg sie in meine Seite
und sei nicht ungläubig, sondern gläubig!

JOHANNES 20,27

Schauen, wo etwas wächst

Wo sprießt Grünes, wo sind Junge? Wachstum kann ich nicht bestimmen, aber pflegen.

Ruth Zenkert

An einem der letzten sonnigen Herbsttage führte mich Angela durch ihre Gärten. Sie ist verantwortlich für unsere Lehrlinge im Gartenbau. Wir begannen oben am Ortsrand beim Kartoffelacker. Drei Mädchen klaubten die letzte Reihe der guten Ernte auf und füllten die Säcke. Dieses Jahr bringen wir den Keller voll, es wird über den Winter reichen. Die kleinen Kartoffeln werden aussortiert, um im Frühjahr wieder gesetzt zu werden. Dann gingen wir den Abhang hinunter, hier wuchs nur Gestrüpp, schlechter Boden voller Steine und Lehm. Im Gewächshaus öffnete sich eine neue Welt. Die Bewässerungsschläuche waren in die gerade gezogenen Furchen gelegt, die Pflanzen an Stützen aufgebunden; alle waren mit Schildern versehen, die über Sorte und andere Daten Auskunft gaben. Da hingen noch rote Tomaten, prall und saftig. Ich musste eine versuchen, sie schmeckte wunderbar. Die Auberginen wurden eben geerntet, nächste Woche sollten die dicken Krautköpfe rollen, um dann in Salz eingelegt zu werden. Hier wuchsen Minze und Melisse, aus deren Blättern wir jeden Morgen Tee zubereiten. An einem Faden waren Petersilienbüschel zum Trocknen aufgehängt, darunter lag Zeitungspapier. Die herausgefallenen Samen würden so für die nächste Saat aufgesammelt werden. Im Garten nahmen zwei junge Frauen von den verwelkten Ringelblumen die Blüten ab, auch hier wurden die Samen für das kommende Jahr entnommen. »Und das«, sagte die Gärtnerin, »ist der Kompost. Er muss ruhen und immer wieder aufgemischt werden. In dem nährstoffreichen

Boden bekommen die jungen Pflanzen viel Kraft zum Wachsen.«

Zum Schluss führte mich Angela in den Keller, wo die Regale schon voll waren mit haltbar gemachtem Obst und Gemüse: Tomaten, Gurken, Paprika, Karotten, Marmelade, Säfte – herrlich. Ich bewunderte die vielfältigen und kostbaren Früchte in den Gläsern und Flaschen. Noch mehr als die reiche Ernte freute mich jedoch, wer diese Arbeit geleistet hatte: Mädchen aus den armen und verwahrlosten Familien in unserem Dorf. Ihre Mütter haben nie gesät, gehackt, geerntet. Wo sie herkommen, gibt es keinen Haushalt. Keine ihrer Lehmhütten ist so liebevoll gepflegt und sauber wie unser Gewächshaus.

Ich freue mich über das doppelte Wachstum. Zweimal geht der Samen auf: In den Gärten wachsen Pflanzen mit Früchten, aus den verwilderten Kindern werden Mitarbeiter. Beide, die Samen wie die Kinder, brauchen viel Pflege. Wenn unsere Mädchen eine Ausbildung und Zuwendung bekommen, wachsen sie heran zu Frauen, die selbstbewusst ihre Zukunft planen und ihren Kindern ein Zuhause schenken können. Dann setzt sich der Teufelskreis der Verwahrlosung nicht weiter fort.

Gott sieht, dass es gut ist. Es wird Abend und es wird Morgen am dritten Tag.

Schauen, wo etwas wächst. Wo sprießt Grünes, wo sind Junge? Wachstum kann ich nicht bestimmen, aber pflegen.

Dann sprach Gott:
Die Erde lasse junges Grün sprießen, Gewächs, das Samen bildet, Fruchtbäume, die nach ihrer Art Früchte tragen mit Samen darin auf der Erde. Und so geschah es. … Gott sah, dass es gut war. Es wurde Abend und es wurde Morgen: dritter Tag.

GENESIS 1,11-13

Glückliche Umstände

Familie, Beruf, Friedenszeit. Wo musst du dich anstrengen, damit es auch zu deinem Glück wird?

Ruth Zenkert

Rauschender Applaus belohnte die jungen Musiker. Seit vier Monaten hatten sie sich zusammengetan und unter der Leitung von Ali Zigeunermusik einstudiert. Heute hatten wir ein erstes Konzert vor großem Publikum gegeben. Die tägliche Arbeit, der Kampf um die Disziplin beim Proben, um die Genauigkeit bei Rhythmus und Zusammenspiel hatte sich gelohnt. »Ali Baba und die 40 …« nennt sich unsere Musikgruppe. Ali steht für den Leiter Ali. Baba heißt auf Rumänisch Oma, das bezeichnet mich. Die Vierzig, das sind die Jungen. Lassen wir offen, ob sie Musiker sind. Sie sind jedenfalls auf dem besten Weg, nicht Räuber zu werden.

Als wir nach mehrmaligen Zugaben und Verneigungen unsere Instrumente einpackten, war euphorische Stimmung. Stolz, Glück und mutige Träume von einer Tournee und CD-Aufnahmen knisterten in der Luft, strahlende Gesichter. Und bei den Burschen die dringende Frage, ob sie jetzt etwas zu essen bekommen. Auch ich war in dem Moment selig – weil Ali in so kurzer Zeit Schüler gefunden hatte, weil er so gewachsen war in der Leitung, mit viel Geduld und Einfühlsamkeit. Weil die Schülerinnen so begeistert und schnell gelernt hatten. Weil noch Neue dazugekommen waren. Mein größter Wunsch war, dass sich unsere Musikgruppe mit dieser Energie weiterentwickelt.

Meine Mitspieler waren schon davongestürmt. Ich brauchte länger, denn als Einzige putzte ich mein geliebtes Saxophon. Und als Einzige musste ich den furchtbaren Notenständer wieder zusammenbasteln. Nicht nur wegen der komplizierten Mechanik hasse ich ihn. Auch weil ich die Einzige bin, die mit Noten spielt. Die Jungen hören die Melodie – und spielen sie auswendig. Unmöglich für mich. Sie spielen locker und in unfassbarer Geschwindigkeit. Ob ich jemals diese schnalzenden Töne in der Zigeunermusik, für die es kein deutsches Wort gibt, beherrschen werde? Ob ich einmal das Sandala-Stück ganz mitspielen kann? Bei den schnellen Phasen musste ich aussetzen. Auf den Wogen des Erfolgs von Ali Baba schwebte ich nach Hause – ich, die Baba, mit dem Ehrgeiz, weiterzuüben, bis ich das Sandala schaffe. Und dankbar, dass sie mich mitspielen lassen.

Wie ich in der Erfolgsstimmung auf die Monate vor dem Konzert zurückblicke, so ähnlich, denke ich mir, schaut Gott nach fünf Schöpfungstagen auf seine Arbeit. Es heißt: »Gott sah alles an, was er gemacht hatte: Und siehe, es war sehr gut.« Jetzt, am sechsten Tag, stellt er fest, dass die Schöpfung als Gesamtwerk *sehr* gut ist. An den vorangegangenen Tagen heißt es: Und Gott sah, dass es gut war. Gestirne, Tiere und Pflanzen sind gut, so wie sie sind. Nur an dem Tag, als er den Menschen erschafft, bleibt die Qualität offen. Der Mensch *ist* nicht gut, er kann gut werden. Durch sein Denken und Tun wird es sich erweisen.

Das gelungene Konzert, unsere Musikband, sind mein Glück, obwohl ich selber noch nicht mitkomme. Betrachte deine glücklichen Umstände – Familie, Beruf, Freunde. Wo musst du dich anstrengen, damit es auch zu deinem Glück wird?

Gott sah alles an, was er gemacht hatte:
Und siehe, es war sehr gut.
Es wurde Abend und es wurde Morgen:
der sechste Tag.

GENESIS 1,31

Wenn die Großen zu den Kleinen hinaufschauen, wird Friede

Wer entreißt uns der Depression?
Wo ist ein Freudenbote?
Wer bringt uns Frieden?

Georg Sporschill

Vor einer Mauer aus Fremdheit und Feindschaft stand ich, als ich nach dem Fall des Diktators Ceauşescu auf dem Bahnhof in Bukarest ankam. Für die Horde von verzweifelten Kindern und aggressiven Jugendlichen, die sich dort herumtrieb, war ich ein Reicher aus dem Westen, den man ausrauben konnte. Und lächerlich war ich, weil ich ihre Sprache nicht konnte. Es schien aussichtslos, in diese dunkle Welt einzudringen.

Mit drei Freunden bezogen wir ein kleines Haus, es war eine Ruine, eine laute Schar begleitete uns, sie wirkte bedrohlich. Verwilderte Kinder zeigten uns den offenen Rachen, den wir mit Essen füllen sollten. Im Lexikon schaute ich nach, was Brot hieß, doch sie lachten, weil ich das Wort falsch aussprach. Und ich wusste nicht, wo wir in der trostlosen Stadt Brot finden sollten. Costel, ein Kleiner, die Wollmütze ins dunkle Gesicht gezogen, sagte: »Bread, bread, come, come!« Er und ein zweiter Jugendlicher führten mich einige Gassen weiter zu einem Markt, auf dem es Berge von Kraut gab und tatsächlich auch eine Bäckerei. Wir bestellten das Brot, doch als ich zahlen wollte, meinten sie, dass ich wohl spinne, wir sollten einfach weglaufen. Das sei noch immer geglückt. Die zwei verstanden mich nicht, schleppten aber zufrieden die Beute zu unserem Haus. Costel konnte etwas Englisch, er hatte es in amerikanischen Filmen aufgeschnappt, deshalb wurde er »Americanul« genannt. In einem

Kino hatte er seinen Schlafplatz, eine Platzanweiserin ließ ihn dort über Nacht bleiben.

Mein neuer Freund zeigte mir nicht nur, wo es Brot zu kaufen gab, sondern half mir auch bei den ersten Sätzen Rumänisch. Und er führte mich in die Kanäle und Verstecke der Straßenkinder. Er offenbarte mir das Elend und auch seine Phantasiewelt. Es war nicht immer klar, was aus dem Film stammte und was Realität war, sicher aber war, dass ich zu dem Kleinen aufschauen musste. Er war für mich zu einem großen Lehrer geworden. Wir hatten fröhliche Stunden. Durch ihn tat sich mir das Tor zur Welt der Straßenkinder auf.

Americanul war für mich der Freudenbote in einer aussichtslosen Lage. Im babylonischen Exil sieht der versklavte Stamm Juda, der in den Niederungen Babylons sitzt, einen Freudenboten, der von den Bergen herabkommt. Von unten können die Verzweifelten die Fußsohlen des Freudenboten sehen, der den Frieden ankündigt. Kyros von Persien hat Babel erobert und lässt nun alle Sklaven, die noch übriggeblieben sind, heimkehren. Die Propheten erkennen den Freudenboten als Erste und heißen ihn willkommen.

Als ich zum Straßenkind hinauf- und nicht mehr hinunterschaute, wurde es für mich zum Freudenboten. Es war nicht mehr armselig, sondern »streetwise«, es besaß eine Weisheit, über die ich nur staunen konnte. Costel Americanul schenkte mir die Freude meines Lebens, eine Familie, die meine werden sollte. Das Kind, zu dem wir zu Weihnachten hinaufschauen, bringt uns Frieden.

Wie willkommen sind auf den Bergen
die Schritte des Freudenboten, der Frieden ankündigt.

JESAJA 52,7

Viele im Dienst für alle

Müssen alle Christen werden?
Hat Jesus sein Blut für alle oder für viele vergossen?
Welcher Dienst an der Welt ist dir aufgetragen?

Georg Sporschill

Im letzten Jahr seines Pontifikats sandte Papst Benedikt XVI. an die Bischöfe der deutschen Sprache ein provokantes Schreiben. Ein einziges Wort sollte in der Liturgie verändert werden, es wird auf dem Höhepunkt der Heiligen Messe gesprochen. Seit der Einführung der deutschen Sprache in der Liturgie heißt es bis heute in den Wandlungsworten Jesu: »Das ist mein Blut, das für alle vergossen wird.« Ab jetzt, dekretierte der Papst, muss es heißen: »Das ist mein Blut, das für viele vergossen wird.« Für viele, nicht für alle. Benedikt wurden umgehend reaktionäre Motive unterstellt: Er wolle das Heil nur einer Elite zugestehen und nicht allen Menschen. Progressive Theologen kritisierten, der Papst habe sich mit dieser Korrektur entlarvt, er schätze bloß die frommen Bewegungen hoch, nicht aber das Kirchenvolk und die Andersgläubigen.

Der griechische Urtext und die lateinische Übersetzung allerdings geben dem Papst recht. Dort heißt es wörtlich: für viele. Entscheidend aber ist das biblische Verständnis. Schon Judas fragte Jesus: »Herr, warum willst du dich nur uns offenbaren und nicht der Welt?« Die Schüler wollten vom Meister wissen, warum er sich nur an viele wende und nicht an alle. Das ist die Strategie Jesu: Er gründet eine Schule, er baut einen Freundeskreis auf, in den er viele einlädt, respektiert aber, dass es bereits andere Schulen gibt, die ebenso wie das Christentum das Ziel haben, in der Welt gegen Ungerechtigkeit zu kämpfen und dem Frieden zu dienen. Jesus dachte dabei vor allem an Israel und die vielen Synagogen, die Licht in das Dunkel der Welt bringen wollen. Neben diesen Lichtern Israels zündet Jesus ein neues Licht an, wenn er zu Menschen aus den Völkern sagt: »Auch eure Aufgabe ist es, Licht für die Welt zu sein.« Ein paar Lichter können, wenn sie stark sind, eine große Dunkelheit erhellen. Es ist unnötig und unrealistisch, dass alle leuchten. Es genügt, wenn es viele sind, dazu noch viele verschiedene. Dann wird die Welt heller werden.

Das Verständnis für die Vielfalt der Heilsangebote und der Aufgaben, die uns Menschen aufgetragen sind, vereinnahmt niemanden und versucht, jeden auf seinem Weg zu respektieren. Es macht die Verantwortung deutlich, die wenige oder viele haben. Durch ihre Begabungen und Möglichkeiten haben sie einen Dienst an allen, auch an denen, die hilfsbedürftig sind und sich nicht zurechtfinden. In den Kreis einer Offenbarung hineingezogen zu werden, bringt Lasten und Verpflichtungen. Besondere Aufgaben und Begabungen machen dich nicht zu einem besseren Menschen, aber sie erhöhen deine Verantwortung.

Müssen alle Christen werden? Hat Jesus sein Blut für alle oder für viele vergossen? Zu welcher Auserwählung gehörst du? Welcher Dienst an der Welt ist dir aufgetragen?

Judas – nicht der Iskariot – fragte ihn:
Herr, wie kommt es, dass du dich nur uns offenbaren willst
und nicht der Welt?

JOHANNES 14,22

In der Ohnmacht eine Beziehung stiften

Für wen bin ich Mutter, um wen darf ich mich kümmern? Wer ist mir geschenkt?

Ruth Zenkert

Eine kleine Frau, eingehüllt in einen viel zu großen Mantel, auf dem Kopf einen Wollschal, drängte sich auf dem Bahnhof zu mir. Sie müsse unbedingt mit mir reden, bedeutete sie mir. Umringt von Straßenkindern, denen wir jeden Tag Brot und Milch brachten, war das schwer. Sie zog mich zur Seite, dann weiter in einen Hof. Ich ahnte schon … ein Gespräch unter vier Augen hieß am Ende meistens, dass jemand Geld brauchte. »Vier Kinder von mir sind bei euch im Kinderhaus. Ich bin sehr froh, dass es ihnen gut geht. Letztes Jahr ist mein Mann gestorben, hier unten im Kanal. Sie haben ihn hinaufgezerrt, aber es war nichts mehr zu machen.« Jetzt erst erkannte ich die Mama von Mihai, Cristina, Mihaela und Florin. Die ganze Familie hatte im Bahnhof gelebt, weil sie die Wohnung verloren hatten. So kamen die vier Kinder zu uns. Das traurige Gesicht der Frau schaute mich mit müden Augen an. »Ich bin krank, sehr krank, ich werde nicht mehr lange leben. Bitte nimm auch den Ionut, er ist ein Jahr alt. Er ist das Letzte, was ich habe. Pass auf ihn auf, ich liebe ihn.« Und da streckte sie mir ihre Arme entgegen und reichte mir das Baby, das sie unter ihrem Mantel verborgen und gewärmt hatte. Sie küsste es – und ging weinend weg. Mit Ionut im Arm ging ich zu den Kindern zurück. Sie strahlten. »Mama Ruth! Wir haben gewusst, dass du ihn mitnimmst.« Eine der Großen wollte mir erklären, wie ich ihn stillen könne. Nach einigen Tagen suchten wir die Mutter auf dem Bahnhof; sie lag zusammengekrümmt auf einer Bank. Wir brachten sie ins Krankenhaus, wo sie kurz darauf starb. Ionut wuchs bei uns auf, im Kreis seiner Geschwister. Heute ist er ein erwachsener Mann und arbeitet als Kellner. Er hat Saxophon gelernt und kommt in den Ferien zu uns, in »seine Familie«. Wenn wir zusammen musizieren, denke ich oft an das kleine Bündel, das ich im kalten Winter plötzlich in den Armen gehalten hatte. Seine Mutter hat mich zur Mutter gemacht.

»Frau, siehe, dein Sohn!«, sagte Jesus zu seiner Mutter, sein erstes Wort am Kreuz. Sterbend stiftete er eine Beziehung. Seiner Mutter vertraute er den Schüler an, den er liebte. Sie würde für immer einen Platz in der Gemeinschaft haben, die Jesus aufgebaut hatte. Die Frau, die Mutter, machte er zur Säule seiner Gemeinde. Maria hatte schon bei der Hochzeit von Kanaan eine führende Rolle. Sie rettete das Fest der Hochzeitsgesellschaft. Sie war die Brücke zu Jesus und sagte den Männern, was sie zu tun hätten, damit die Freude nicht ausgehe. Das zweite Wort am Kreuz richtete Jesus an seinen Schüler: »Siehe, deine Mutter.« Der Schüler gab ihr Schutz und stärkte sie, als sie schwächer wurde.

Maria, die Mutter Jesu, hat ihren Sohn begleitet – jetzt begleitet sie sein Werk, die Kirche. Sein Erbe ist, dass sich die Menschen umeinander kümmern. Für mich ist es ein Glück, dass mir die Mutter ihren Ionut anvertraut hat.

Für wen bin ich Mutter, um wen darf ich mich kümmern? Wer ist mir geschenkt?

Als Jesus die Mutter sah und bei ihr den Jünger,
den er liebte, sagte er zur Mutter: Frau, siehe, dein Sohn!

JOHANNES 19,26

Dynamik der Entfeindungsliebe

Wo beginnt eine Feindschaft zu bröckeln,
ein hartes Herz weich zu werden? Wo überwindet
Phantasie eine Mauer der Ablehnung?

Georg Sporschill

Plötzlich krachte die Tür auf, und ein junger Mann platzte in die Kapelle, atemlos und verschwitzt. Wir waren gerade zum Morgengebet versammelt, und ich deutete ihm, sich neben mich zu setzen. Unruhig blieb er an der Türe stehen und stammelte nur: »Wo ist Pater Georg?« Während die anderen das Vaterunser anstimmten, ging ich mit ihm hinaus. Der junge Mann war aus der Romasiedlung am Dorfrand zu uns gerannt. Jetzt brach er in Tränen aus: »Mein Vater hat sich heute Nacht erhängt.« Wir setzten uns auf die Bank vor dem Haus. »Jetzt war ich beim Pfarrer im Dorf, er sagt, die orthodoxe Kirche verbietet ihm, meinen Vater zu beerdigen. Ein Selbstmörder ist ein Sünder. Aber mein Vater war krank. Er war kein Sünder, er war ein guter Mensch. Der Pfarrer hat mir gesagt, ich soll zu dir kommen, weil die Katholischen ihn beerdigen dürfen.« Ich versprach, dass ich mit dem Pfarrer reden würde. Tatsächlich bestätigte er mir, dass er nicht die üblichen Riten vornehmen könne. Ich solle die Beerdigung übernehmen. Mit unseren Jugendlichen gingen wir zur Familie. Alle waren um den offenen Sarg versammelt, sprachlos. Neben den Kopf des Vaters hatten sie eine Schachtel Marlboro und Spielkarten gelegt. Wir stimmten ein Lied an und beteten, dann begannen auch die Söhne zu reden. Sie baten ihn um Verzeihung, dankten ihm, weil er so gut mit ihnen gewesen war, weinten und fanden Trost. Am Nachmittag war die Beerdigung. Unsere Burschen schaufelten das Grab aus. Das machen sonst die Dorfbewohner miteinander – heute war keiner da. Wir begleiteten die Familie mit dem Sarg zum Friedhof. Dort erwartete uns der orthodoxe Pfarrer! Gemeinsam gaben wir dem Selbstmörder die letzte Ehre.

Das Kirchenrecht hat eine Mauer gegen die Menschlichkeit errichtet. Der orthodoxe Pfarrer aber hat diese Mauer überwunden. Wie die römischen Soldaten, als Jesus am Kreuz klagte: »Meine Kraft ist vertrocknet wie eine Scherbe, die Zunge klebt mir am Gaumen, du legst mich in den Staub des Todes.« (Psalm 22,16) Die römischen Soldaten milderten den Durst des Sterbenden mit dem Erfrischungsgetränk der Feldarbeiter und Soldaten: Sie tränkten einen Schwamm mit Weinessig, mit Wasser verdünnt, und reichten ihn dem Gekreuzigten auf einem Ysopzweig hinauf.

Dieses Liebeszeichen der Feinde zeigt, dass die »Entfeindungsliebe« Jesu, wie Pinchas Lapide es formuliert, eine Antwort findet bei den Soldaten, die ihn im Auftrag der römischen Militärmacht kreuzigen. Der sterbende Jesus weicht die harten Herzen der Feinde auf und bringt sie zu einem Hauch von Mitleid. Die Mission Jesu, den Völkern, den Römern den Weg der Liebe zu öffnen, erfüllt sich in seinem Todeskampf. Mein orthodoxer Bruder hat kirchliches Unrecht überwunden und außerdem den Graben zwischen den Kirchen überbrückt. Er ließ sich vom verzweifelten Vater und der Not der Familie berühren.

Wo beginnt eine Feindschaft zu bröckeln, ein hartes Herz weich zu werden? Wo überwindet Phantasie eine Mauer der Ablehnung?

Ein Gefäß voll Essig stand da. Sie steckten einen Schwamm voll Essig auf einen Ysopzweig und hielten ihn an seinen Mund.

JOHANNES 19,29

Um mich weint hier niemand

Verlassen, gebrochen. Mit wem bist du durch Sehnsucht und in Tränen verbunden?

Ruth Zenkert

Es war kurz nach dem Zusammenbruch des Ceauşescu-Regimes, auf dem Bahnhof in Bukarest. Die dicken Warmwasserrohre, der intensive Gestank und die aufsteigenden klaustrophobischen Gefühle hatten mir Schweißperlen auf die Stirn getrieben. So war ich erleichtert, als wir aus dem Kanalloch herauskletterten, über eine Leiter, an der einige Sprossen fehlten, weshalb wir uns am Schluss mit den Armen hinaushieven mussten. Die Straßenkinder zogen mich ins Freie. Wir setzten uns mit ihnen im Hinterhof des schmuddeligen Bahnhofsgebäudes auf eine Mauer. Hier war die Poststelle, Männer zogen schwere Karren herum. Einige dienten den Kindern als Unterschlupf für die Nacht. Viele Kinder umringten uns, wir hatten ihnen Brot, Wurst und Milch gebracht, gierig kämpften sie darum. Die Starken in dieser wuselnden Gruppe, die hier hauste, hatten sich ihre Sklaven untertan gemacht, so organisierte sich die unübersichtliche Horde ein wenig. Immer wieder kamen Neue dazu. Freunde waren mit uns, und wir wollten weitergehen. Es war schwer, sich von den Kindern zu lösen, eine Traube folgte uns, sie wollten mit, kehrten dann aber um. Als wir am Auto waren, hatte unser Gast Caroline noch ein Kind an der Hand, das Mädchen war einfach mitgegangen. »Wie heißt du?«, wollten wir wissen. Sie senkte den glattrasierten Kopf. »Vali«, antwortete sie leise. »Woher bist du?« Sie konnte es nicht beschreiben. »Wohin geht ihr?«, fragte sie. »Nach Hause«; es fiel uns schwer, das zu sagen. Sie drückte Carolines Hand mit ihrer kleinen schwarzen Hand noch fester. »Ich will mit zu euch.« »Aber ist niemand am Bahnhof, der dich vermisst?« »Um mich weint hier niemand«, sagte Vali.

Ganz anders war es am Grab Jesu. Hier stand seine wohl beste Freundin, Maria von Magdala, und weinte. »Frau, warum weinst du?«, sagten die Engel zu ihr. Welch tiefe Beziehung spricht aus diesen Tränen. Maria hat sein Sterben miterlebt und ihn bis zum bitteren Ende begleitet, ohne Scheu und Angst. Sie hat Jesus die Treue gehalten, als viele Männer schon geflohen waren. Nie vergaß sie ihm, dass er sie befreit hatte aus den Fängen der Dämonen. Sie war als Erste beim leeren Grab und suchte den Leichnam. Die Ungewissheit ließ sie nicht zur Ruhe kommen. Ihre tiefe Beziehung zu Jesus mündete jetzt in Tränen, die nur Engel entschlüsseln konnten. Sie spürten in den Tränen nicht nur die Katastrophe, sondern den Trost auf. Die mit Tränen säen, werden mit Jubel ernten. Verunsicherung und Trauer führen in eine Geborgenheit, die sogar stärker ist als der Tod. Jene Geborgenheit, die dem Straßenkind fehlte. Wenn wenigstens jemand um sie geweint hätte.

Vali ist bei uns geblieben. Heute ist sie eine glückliche Mutter, die ihren drei Kindern Geborgenheit schenkt.

Weinen ist ein Lebenszeichen einer Beziehung. Es ist noch nicht aus, es kann ein Aufleben geben. Mit wem bist du durch Sehnsucht und in Tränen verbunden?

Die Engel sagten zu ihr:
Frau, warum weinst du? Sie antwortete ihnen:
Sie haben meinen Herrn weggenommen
und ich weiß nicht, wohin sie ihn gelegt haben.

JOHANNES 20,13

Die Drei führt zum Durchbruch

In der Zahl Drei liegt eine geheimnisvolle Kraft.
Eine didaktische Anregung.

Ruth Zenkert

Es war Sommer, drückend heiß. Zusammen mit einer Bekannten fuhr ich in ein Dorf, in dem es angeblich ein Haus zu verkaufen gab. Schon länger hatten wir eines gesucht, aber keines gefunden. Hier sollte es einige geben, da etliche Siebenbürger Sachsen nach Deutschland ausgewandert waren. Ich sprach den Erstbesten an. Er führte mich zu Gelu, der verwahrte den Schlüssel zu einem Haus, das zu haben war. Er öffnete das verrostete Tor. Alles war überwuchert und von der Hitze ausgetrocknet. Ein paar wilde Hunde sprangen über den maroden Zaun hinaus. Ich ging durch das Gestrüpp in den Garten, ein blaues Autowrack störte den idyllischen Blick auf die Karpaten. Wir schauten ins Haus, es gefiel mir. Dann in den Stall, im Stroh lag eine tote Katze. Viel musste man hier renovieren. Bei der Rückfahrt überlegte ich allerdings, dass das Dorf doch zu entlegen sei.

Monate später, es war inzwischen Winter geworden, waren wir immer noch auf der Suche. Eines Morgens erinnerten wir uns an dieses Haus. Thomas, ein Freund, war gerade zu Besuch und meinte: Fahren wir hin, ich will es sehen. Etwas widerwillig ging ich mit. Es schneite wilde Flocken, auf der vereisten Landstraße kamen wir nur langsam voran. Wir klopften bei Gelu, der sich in seiner Stube mit einem Schnäpschen aufwärmte. Er holte den großen alten Schlüssel und wir stapften durch den Schnee zum Haus. Drinnen war es eiskalt, aber die Aussicht, dieses Mal auf schneebedeckte Gipfel, war wieder herrlich. Das blaue Wrack sah man zum Glück nicht. Schön sei das Haus, meinte Thomas. Wir fanden keine Motive, die dagegen sprachen, es zu nehmen, aber die Idee schlief trotzdem wieder ein. Neuerlich vergingen Wochen, in denen wir nicht fündig wurden. Da fiel uns das entlegene Dorf erneut ein. Wir fuhren hin, ein drittes Mal. Bei der Fahrt herrschte gute Stimmung. Wir träumten von unserem Projekt, Roma-Familien zu unterstützen, eine Musikschule zu gründen, Kindern eine Zukunft zu geben. Im Haus bekamen die Träume ein Gesicht. Wir planten, wie wir die Räume nutzen könnten. Gelu gab uns die Telefonnummer der Besitzerin, wir vereinbarten mit ihr den Preis und einen Termin beim Notar. Heute ist das »Haus ELIJAH« in Hosman Herberge und Zentrum für unsere bunte Kinderschar und Mitarbeitergemeinschaft. Der gute Geist in den alten Mauern ist jung und dynamisch. Zwei lustige Katzen springen im Haus herum, und ein schöner Hund bewacht den Hof.

Es gibt die biblische Drei. Gott ist bei Abraham zu Gast, in der Gestalt von drei Männern. Dreimal im Jahr sollen die Israeliten vor dem Angesicht des Herrn erscheinen, an den drei Hochfesten im Tempel. Dreimal verleugnet Petrus Jesus, bis ihm die Augen aufgehen. Gleichsam als Gegenbewegung zur Verleugnung fragt Jesus Petrus dreimal: Liebst du mich? Und als sich Jesus nach der Auferstehung den Jüngern zum dritten Mal zeigt, offenbart er sich.

Drei Anläufe mussten wir unternehmen, bis wir das neue Zuhause hatten. In der Zahl Drei liegt eine geheimnisvolle Kraft.

Dies war schon das dritte Mal,
dass Jesus sich den Jüngern offenbarte,
seit er von den Toten auferstanden war.

JOHANNES 21,14

Kinder nehmen Abschied. Wie geht es weiter?

Um den Abschied zu bewältigen, hilft die Frage:
Was nehmen sie mit? Was werden sie aus dem,
was sie empfangen haben, Neues machen?

Ruth Zenkert

Ein bärenstarker Bursche stand vor mir. Seine strammen Oberarme zeigten, dass er sich vor keiner Arbeit scheut. Costel, ein ehemaliges Straßenkind, war vor 25 Jahren zu uns gekommen. Als Jugendlicher war er ein schwieriger Rabauke, ließ seine Kräfte spielen. Aber er machte seinen Weg. Jetzt lebt er in Deutschland, und wenn er Urlaub hat, besucht er uns. So auch diesen Winter. Unsere Kinder in Hosman bewunderten den kräftigen Onkel, er spielte mit ihnen und lachte. Beim Abendessen fragten sie ihn aus. Costel erzählte, wie schwer es für ihn gewesen war, seinen Weg allein zu gehen. Zu arbeiten. Nicht zu klagen, dass die Eltern schuld seien, sondern selber zuzupacken. Zu kämpfen. Und wie schön es sei, wenn man stolz auf sich sein könne. Mit offenem Mund lauschten unsere kleinen Bengel, als Costel von seinem ersten Arbeitsplatz beim Straßenbau erzählte. Und dass er jetzt seinen Traumberuf als Koch habe. Er zeigte ihnen, wie schnell er Zwiebel schneiden kann. Die Kinder applaudierten begeistert. Er fragte sie, was sie einmal werden wollten. Ionut, der Wildeste, meinte, er wolle Polizist werden. »Dann musst du dich selber ins Gefängnis bringen«, lachte Costel. Und dann wurde er wieder ernst. »Eines möchte ich euch sagen: Das Wichtigste ist, dass ihr auf die Erzieher hört. Ich war früher noch viel wilder als Ionut, glaubt mir. Aber wenn ich nicht auf meine Mama«, – er schaute zu mir –, »vertraut hätte, wäre ich wieder auf der

Straße gelandet und heute sicher schon tot, wie die anderen, die in Bukarest auf der Straße geblieben sind. Ihr müsst lernen, auch wenn die Schule langweilig ist. Beißt euch durch die Bücher und esst jede Seite. Dann schafft ihr es.« Die Augen der Kinder klebten an Costel, sie nickten und versprachen ihrem Idol alles.

Mir hat Costel Mut gemacht. Vieles in der Sozialarbeit gelingt nicht, zumindest nicht so, wie wir es uns vorstellen. Aber dieses Leben ist gerettet! Zum Abschied gab es Tränen, doch Costel hat unsere Kinder beflügelt.

»Es ist vollbracht«, sagte Jesus als letztes Wort am Kreuz, ehe er voll Vertrauen das Haupt neigte und heimkehrte zum Vater. Dann heißt es – und es ist entscheidend, wie die neue Übersetzung der Bibel es formuliert: »Er übergab den Geist.« Früher hieß es: »Er gab den Geist auf.« Gemeint ist aber, dass das Leben weitergehen soll. Jesus übergibt seinen Geist und seine Kraft an die Schüler. Auch er selbst hatte schon den Geist übernommen, der im Anfang über den Wassern schwebte. Als der Schöpfer das ganze Werk »vollbracht« hatte (Genesis), wirkte der Geist in der Verantwortung des Menschen weiter. So auch in Jesus, der ein neues Erlösungswerk schuf. Ich habe gesehen, wie das gerettete Straßenkind seinen Mut an unsere Kinder übergab.

Es ist nicht leicht, wenn uns Schüler, Kinder, Mitarbeiter verlassen. Um den Abschied zu bewältigen, hilft die Frage: Was nehmen sie mit? Was werden sie aus dem, was sie empfangen haben, Neues machen?

Als Jesus von dem Essig genommen hatte, sprach er:
Es ist vollbracht! Und er neigte das Haupt und übergab den Geist.

JOHANNES 19,30

Zum Ausklang
Wöchentliche Herzensbildung

Ein Nachwort von Christian Geinitz

Wieso darf das Schwein ins Haus, zwischen Kinder und Kisten mit Brot und Zwiebeln? Jetzt läuft es über die auf dem Boden verstreute Kleidung, einen Strampelanzug, eine Jeans und ein ausgeblichenes Sporthemd, auf dem »Real Madrid« steht. Graue Hufabdrucke bleiben auf einem Kleidchen zurück, das aber ohnehin vor Dreck starrt. Endlich scheucht die Mutter das Tier aus dem Haus und bittet mich, den fremden Besucher, hinein. Die junge Frau trägt ein ausgebeultes braunes T-Shirt, auch die blaue Jogginghose ist ihr viel zu groß, die Füße stecken in Plastikpantoffeln.

In der baufälligen Hütte wohnt sie mit sieben Kindern, drei sind behindert. Den größten Teil des Wohn- und Schlafraums nehmen Matratzen ein, auf einer liegen Windeln, zwei angebissene Semmeln und ein Handtuch, das sich hebt und senkt. Darunter ragt ein Ärmchen hervor, die Mutter hat eine ihrer schlafenden Töchter gegen die Fliegen vollständig zugedeckt, sogar den Kopf. Ich muss schlucken, denke an meine eigenen Kinder, die zu dieser Zeit acht, sechs und zwei Jahre alt sind: Welche fürchterliche Vorstellung, müssten sie unter solchen Bedingungen, müssten sie in dieser Verwahrlosung großwerden.

Dabei, aber das erhöht den Schrecken nur, geht es den Roma hier in Țichindeal vergleichsweise gut. Das kleine rumänische Dörfchen, das früher Ziegental hieß, liegt mitten in Siebenbürgen, keine Dreiviertelstunde östlich von Sibiu (Hermannstadt). Über die Jahrzehnte hinweg hat in Ziegental, wie in vielen anderen Teilen Transsilvaniens, ein

Bevölkerungsaustausch stattgefunden. Zuerst zogen die »Siebenbürger Sachsen« fort, dann die Rumänen, jetzt sind die meisten der zweihundert Einwohner Roma. Viele leben, wie die Familie, die ich besuchen darf, in den grob gemauerten Häusern am Ortsrand.

Und doch gibt es Hoffnung in und für Ziegental. Nach dem Unterricht können die Kinder im »Sozialzentrum Habakuk« eine warme Mahlzeit einnehmen, sich duschen oder waschen. Hier lässt es sich wunderbar spielen, ausruhen, nachdenken, lernen. An den Nachmittagen stehen Pädagogen zur Hausaufgabenbetreuung bereit. Mancher Jugendliche schafft erst durch sie den Schulabschluss und kann auf eine höhere Bildung in Sibiu hoffen. Das »Habakuk« betreut auch junge Mütter – nicht selten sind sie minderjährig – und ihre Neugeborenen.

Hinter der Einrichtung steht der karitative Verein ELIJAH von Pater Georg Sporschill SJ und Ruth Zenkert, der im malerischen Harbachtal, wo Ziegental liegt, und darüber hinaus segensreiche Fußabdrücke hinterlassen hat. In Ţichindeal, um bei diesem Beispiel zu bleiben, betreibt ELIJAH gemeinsam mit dem österreichisch-schweizerischen Textilunternehmen Tisca eine Handweberei, in der junge Frauen das Teppichmachen lernen, etwas dazuverdienen und so Stabilität in die Familien bringen. Hier in Ziegental gibt es außerhalb der Schule und der ELIJAH-Projekte keinen einzigen Arbeitsplatz.

Bei meinem Besuch im September 2015 fühle ich mich an meine Zeit als Korrespondent in Lateinamerika erinnert. Auch dort wurde ich mit erbärmlichem Elend konfrontiert, sogar die Szenen glichen einander. Als mich im November 2001 eine Bauernfamilie in Orocuina, einer honduranischen Gemeinde südlich der Hauptstadt Tegucigalpa, in ihre Hütte bat, scheuchte die Mutter zunächst die Schweine aus dem

Haus. Das Foto mit den sieben Kindern und den zwei Paarhufern habe ich heute noch.

Armut hat überall auf der Welt ein ähnliches Gesicht, und sie wirft ähnliche Fragen auf, auch solche, die nicht politisch korrekt sind. Etwa, inwieweit die Bedürftigen mitverantwortlich sind für ihre Misere. Nehmen wir die Schweine im Haus: Ist es wirklich nur eine Frage fehlender Bildung, die Tiere inmitten der Familie zu dulden? Oder drücken sich in dieser Duldsamkeit auch Gedankenlosigkeit, Trägheit, Fatalismus aus? Meine Gastgeber in Orocuina wussten, dass sie das Haus eigentlich sauber- und das Vieh fernhalten sollten, sie hatten Besen, Wischlappen, Seifen, Zahnbürsten, aber nutzten sie kaum. Das mache zu viel Arbeit, sagte mir der Vater damals, der zugleich zugab, eigentlich nichts Rechtes zu tun zu haben, jedenfalls nicht im Winter, als ich zu Besuch war.

Der Ansatz von ELIJAH ist deshalb so begrüßenswert, weil er weit davon entfernt ist, die Roma zu idealisieren. Fraglos müssen die politischen, sozialen und wirtschaftlichen Bedingungen in Rumänien besser werden. Aber an dieser Herkulesaufgabe können sich einzelne Akteure nur überheben, weshalb sie Veränderungen besser im Kleinen anstoßen, also bei den Roma selbst. ELIJAH sieht und fördert sie als tätige Individuen, die Fehler machen, auch dafür geradestehen müssen – und doch immer wieder auf Vergebung, Aufnahme, eine neue Chance hoffen können.

Von solchen Rückschlägen und Erfolgen erzählen die »Bimails«, die als Bibel-Newsletter jede Woche Geschichten aus Hosman aussenden und mit einer biblischen Botschaft verknüpfen. Diese »Bibel für Wagemutige« ist eine ungemein ehrliche christliche Botschaft, weil sie das eigene Scheitern, die eigene Unzulänglichkeit preisgibt und zugleich Hoffnung schürt, dass wir dennoch nicht vergessen und abgeschrieben werden von den Menschen und von Gott. Die Gewissheit von unserer Fehlbarkeit bei gleichzeitiger Gnadenzusage ist bei vielen Menschen religiös verankert. Das Besondere am Christentum ist die Überzeugung, dass Jesus die Sünden der Menschen auf sich genommen, dass er für sie gestorben ist – und zwar für alle Personen, unabhängig von ihrem Bekenntnis. Selbst jene, die nicht getauft sind, sogar jene, die Gott lästern, die ihn und seine Kirche bekämpfen, können seiner Liebe gewiss sein.

Diese Unbedingtheit ist vielen anderen Religionen fremd, und sie hat in der christlichen Geschichte mancherlei Widersprüche erlebt. Der Johanniterorden etwa, dem ich angehöre, ist einst in Jerusalem entstanden, um Pilger und Kranke aufzunehmen. Erst später kamen militärische Aufgaben hinzu. Zur Zeit der Kreuzzüge, als die christliche und die islamische Welt einander bitter bekämpften, zogen die Johanniterritter gegen die Muslime in den Kampf – und versorgten in ihrem Spital dennoch die Wunden, die sie ihnen zuvor geschlagen hatten. Sie taten das aus christlicher Liebe am Nächsten, am Mitgeschöpf Gottes, selbst am Feind. Bis heute betrachtet der inzwischen evangelische Johanniterorden das Dienen an den »Herren Kranken« und das Einstehen für den christlichen Glauben als seine Hauptaufgaben, natürlich ohne Schwert. Die katholischen Malteser bilden auf derselben historischen Grundlage eine Schwestergemeinschaft zum Johanniterorden.

Unbedingte Liebe am Nächsten ist mancher Religion fremd, nicht fremd aber ist sie im Familienverbund. Auf der ganzen Welt zeigt sich eine unverbrüchliche Zuneigung von Eltern für ihre Kinder, eine Selbstaufgabe, die bis zur Selbstaufopferung reichen kann. Dahinter mag der biologische Instinkt walten, die Art zu erhalten. Klar ist jedenfalls, dass sich diese vorbehaltlose Hingabe auch in Kulturen feststellen lässt, die keinen Begriff vom liebenden und gnädigen Gott haben. Wo dies jedoch der Fall ist, also in christlichen Familien, sollte es leichterfallen, in der eigenen kleinen Welt eine Entsprechung zur Liebe Gottes, des »Vaters«, zu sehen: Wir sind uns nicht immer einig, wir streiten, zürnen, beschimpfen uns – und wir zweifeln. Aber wir verzeihen einander, halten uns fest, stehen füreinander ein. Bestenfalls schöpfen wir aus unserem Zusammenhalt mit der Familie und mit Gott genügend Stärke, um auch außerhalb der eigenen vier Wände fürsorglich und dienstbar zu sein.

Das sind hehre Ziele, und ich bekenne offen, dass meine Familie sie allenfalls unzulänglich erfüllt. Mich tröstet das alte Bonmot des deutschen Revolutionärs und amerikanischen Innenministers Carl Schurz (1829–1906): »Ideale sind wie Sterne. Man kann sie nicht erreichen, aber man kann sich an ihnen orientieren.« In jedem Falle versuchen wir zu Hause, ein christliches Bewusstsein zu entwickeln und weiterzugeben, durch Gottesdienstbesuche etwa, durch Tisch- und Nachtgebete. Unsere Kinder sprechen vor dem Einschlafen ihre Taufsprüche und ein weiteres Gebet. Ein besonders beliebtes stammt aus einer Sammlung, die ELIJAH zusammengestellt hat. Es endet mit dem fröhlichen Satz: »Lieber Gott, ich danke Dir, für den Engel neben mir.« Als unser Sohn kaum lesen konnte, ertappte ich ihn eines Nachts mit der Taschenlampe und einem Buch unter der Bettdecke. Meine Ermahnung fiel milde aus, es war die Kinderbibel.

Als kleinen Erfolg werte ich, wenn die Kinder erkennen, wie gut es ihnen geht. Als wir noch in Peking lebten, besuchten wir ein Armenviertel, das direkt an unsere mondäne Wohnanlage grenzte, getrennt nur von einer vierspurigen Straße als moderner Wohlstandsgrenze. Eine Wanderarbeiterfamilie, die dort neben einem Autofriedhof lebte, ließ uns gern in ihre Hütte ein.

Ich erinnere mich, wie verwirrt unsere mittlere Tochter war, dass es dort nur einen Tisch gab, an dem die Familie aß und die Kinder ihre Hausaufgaben erledigten. Sie war nicht traurig darüber, sondern erstaunt, dass es offenbar nicht selbstverständlich ist, mehr Platz zu haben. Probehalber setzte sie sich auf einen Schemel neben eines der chinesischen Mädchen, um gemeinsam etwas zu malen. Beide lachten, als die bunte Zeichnung gelang. Die Freunde unserer Fünfjährigen, ebenfalls aus einer deutschen »Expat-Familie«, trauten sich erst gar nicht in die ärmliche Unterkunft, weil sie ihnen »irgendwie ekelig« erschien. Ich bin froh, dass unsere Kinder solche Berührungsängste nicht kannten.

Einige Jahre später, als wir aus Peking längst nach Wien gezogen waren, begleitete mich unsere Tochter, inzwischen im Volksschulalter, zu einem Arbeitseinsatz des Johanniterordens. Wir kochten damals für Obdachlose in Meidling. Auf dem Weg nach Hause, es war schon nach zehn Uhr abends, sagte sie, sie habe zunächst etwas Angst vor dem einen oder anderen Gast gehabt, doch die hätten sich »so toll gefreut über uns.« Und dann meinte sie etwas schläfrig: »Uns geht's schon arg gut, oder, Papi?«

Ja, uns geht es arg gut. Dafür sollten wir der Welt und dem lieben Gott dankbar sein, und daraus sollten wir Kraft schöpfen, für die einzustehen, denen es weniger gut geht. Oft wird bemängelt, in der Welt der Wirtschaft, über die ich als Journalist berichte, denke jeder nur an sich. Diese Fälle gibt es leider. Aber es finden sich glücklicherweise auch unzählige Unternehmen und einzelne Geschäftsleute, die – zusätzlich zu den Steuern – die Allgemeinheit unterstützen, die mildtätig und »nächstenlieb« sind – ohne das an die große Glocke zu hängen.

Auch ELIJAH lebt von solchen Mäzenen. Ob sie sich, wie der erwähnte Teppichhersteller Tisca, an einzelnen Projekten beteiligen, ob sie Instrumente für die Musikschule in Hosman spenden, ob sie Stipendien für begabte Roma vergeben oder Geld überweisen: Sie sind da, sie sind für andere da. Es mag stimmen, dass es ohne Reiche keine Armen gäbe, genauso richtig ist aber auch, dass Reiche das Elend der Armen lindern können, reiche Länder genauso wie reiche Firmen oder reiche Einzelpersonen.

Das biblische Gleichnis vom »Kamel im Nadelöhr« legt nahe, dass es Begüterte schwer haben, ins Himmelreich zu kommen. Jesus fordert einen betuchten Mann, der ihm nachfolgen will, auf, allen Besitz den Armen zu übertragen. Daraufhin geht der Suchende »betrübt« und »traurig« davon, hält sich also vermutlich nicht an den Rat. Gleichwohl berichtet Markus in Kapitel 10, dass Jesus den Mann »liebgewonnen« habe und dass allein Gott in seiner Gnade entscheide, wer selig werde: »Bei den Menschen ist's unmöglich, aber nicht bei Gott; denn alle Dinge sind möglich bei Gott.« (Markus 10,27)

Auch das zeigen uns die wöchentlichen Bimails: dass charakterliche Stärken und Schwächen keine Frage der Herkunft oder des Vermögens sind, sondern der Herzensbildung. An dieser Herzensbildung wirkt die »Bibel für Wagemutige« mit, in einem eingängigen erzählerischen Ton, unaufdringlich und zugleich ungeschminkt. Die kleinen Geschichten des Miteinanders (und Gegeneinanders) aus Siebenbürgen sind für uns im Wohlstand eine Aufforderung, nicht nachzulassen in Diakonie und Caritas, also im Dienst am Menschen und im uneigennützigen Wohlwollen. Vielen Dank an Ruth Zenkert und Georg Sporschill für die wöchentliche Erinnerung an das, was wirklich zählt.